子どもが一瞬で書き出す！
"4コマまんが"作文マジック

村野 聡 著

学芸みらい社

はじめに

　本書で提案する「4コマまんが作文」は子どもが熱中し、アンコールを巻き起こす教材である。なおかつ、子どもに作文の力を楽しくつけていく。
　今現在、私は数十年ぶりに小学校2年生を担任している。その2年生にも4コマまんが作文を実践した。やはり2年生でも「アンコール」が飛び出すのである。作文の授業でこれほどまでに子どもから「やったあ！」「もっと書きたい！」という言葉を聞ける教材はなかなかない。
　しかも、楽しく4コマまんが作文を書いていく中で子どもに確かな作文技術がみるみる身に付いていくのである。
　これはまさに「作文マジック」である。
　日本の作文教育にこの4コマまんが作文はもっと使われていいと思ってきた。ここでやっと本書のような形となり、4コマまんが作文の素晴らしさを伝えることができることを嬉しく思っている。
　4コマまんが作文とは「4コマまんがのストーリーを文章に変換する作文」である。様々な作文技術を習熟させることができる教材である。例えば、1コマ1段落で書かせることで段落構成の技術を身に付けさせることができる。また、起承転結の作文技術や視点の変換の作文技術なども身に付けさせることができる。
　さらに本書ではこれまでになかった4コマまんが作文の新しい展開についても提案する。その一つが「書き込み式4コマまんが作文」である。不完全な4コマまんがを子どもに与え、そこに書き込みをさせることで新しいストーリーを生み出す実践である。
　アメリカの作文教育に「クリエイティブライティング」という創作文を書かせる実践がある。これは個性と創造性が評価される。
　書き込み式4コマまんが作文はアメリカのクリエイティブライティングのように創造性を育む教材として優れている。
　このように様々な形の4コマまんが作文の実践を収録した。
　たくさんの方々の支援があって本書は完成した。

はじめに

　本書で使用している4コマまんがはTOSS青梅教育サークルのメンバーを中心に書いていただいた。

　また、私の4コマまんが作文の実践を応用し幅を広げている菅野真智氏にもたくさんの支援をいただいた。

　本書は学芸みらい社の樋口雅子氏の企画から生まれた。これまでずっと樋口氏と一緒に仕事をしたいと祈念していたことが本書で実現できた。

　さらに、私が生涯の目標としていた「単著10冊」が本書の出版により実現できた。そういう意味でも自分にとって節目の1冊となった。

　樋口雅子氏に心より感謝申し上げる。

　作文指導に悩んでいる方はまず4コマまんが作文を実践してみることをおすすめする。必ずや子どもに変化が起きる。教師として腹の底からの実感があるはずである。

　ぜひ、多くの教室で4コマまんが作文が広がっていくことを期待している。

平成29年5月5日　村野　聡

■ 目　次 ■

はじめに

1 「4つマまんが作文」とは？
●ストーリーのある作文ワーク

1　4コマまんが作文とは……8
2　作文力を身に付けさせるステップ……9
3　作文技術を教える教材「向山式200字作文ワーク」……10
4　3つの大きな作文技術の柱……13
5　支援学級でも有効な4コマまんが作文……14

2 作文技術・技能が身につく
●「4つマまんが作文」活用の法則

実践1　最初の指導は「段落構成」の指導を
スモールステップで●マナー系作文技術……18

1　「向山式200字作文ワーク」で段落構成と
2コマまんが作文を体験させる……18
2　4コマまんが作文の指導……20
3　家庭学習で習熟させる……23
4　4コマまんが作文習熟用ワーク……25
★　すぐ使えるFAXページ（7ページ分）……27

実践2　作文の表記を整える●マナー系作文技術……35

★　すぐ使えるFAXページ（3ページ分）……37

実践3　レトリックの習熟に適した4コマまんがを使った
作文指導●オシャレ系作文技術……40

1　レトリックも4コマまんが作文で習熟させる……40
2　レトリックに適した4コマまんが……48
★　すぐ使えるFAXページ（4ページ分）……50

目　次

実践4	４コマまんがを使ってつくる俳句 ●ジャンル系作文技術……54

実践5	物語の書き方の基本を教える ●ジャンル系作文技術……59

 1　物語の書き方の基本を４コマまんが作文で教える……59
 2　起承転結の作文指導……59
 3　視点の変換……61
コラム1　「落書き感覚」……63
 ★　すぐ使えるFAXページ（2ページ分）……68

実践6	生活作文に生きる時間的順序の指導 ●ジャンル系作文技術……70

 1　３つの述べ方の順序……70
 2　時間的順序がはっきりした４コマまんがを使う……70
 ★　すぐ使えるFAXページ（1ページ分）……74

実践7	「４コマまんが」「わくわくずかん」を使った詳しい 説明文の書き方指導●ジャンル系作文技術……75

 1　詳しい説明文を書かせる……75
 2　４コマまんがで導入する……76
 3　分けて直写させる……77
 4　例文音読・直写……78
 5　詳しい説明を書く……79
 6　第３時の指導……80
 ★　すぐ使えるFAXページ（4ページ分）……83

実践8	行事作文や卒業文集も４コマまんが作文で書かせる ―菅野真智氏の実践―●ジャンル系作文技術……87

 1　菅野真智氏の４コマまんが作文実践……87
 2　４コマまんが作文による行事文集の実践……87
 3　指導ステップ上の留意点……88
 4　卒業文集も４コマまんが作文で……92

3 論理的思考力を育てる
●「4コマまんが作文」の新しい展開

実践9 アメリカ式4コマまんが作文の実践……96
  1 日本とアメリカの作文構造の違い……96
  2 日本とアメリカの作文指導の違い……97
  3 まずは例文視写……98
  4 実作させる……100
  5 3年生の書いた「因果律作文」……101
  6 因果律による作文を多作させる……103
コラム2 「一つのテーマを多様な型で書ける作文力」……104

実践10 子ども熱中！
    「書き込み式4コマまんが作文」の実践……105
  1 菅野真智先生の
    「書き込み式4コマまんが作文」実践……105
  2 「書き込み式4コマまんが作文」3つの型……106
  3 型①「書き込む場所が確定されているもの」…106
  4 型②「1コマまるまる書き込むもの」……110
  5 型③「書き込む場所が自由なもの」……113
コラム3 「4コマまんが不足」……117

4 子どもがニッコリして書く
●授業で使える4コマまんが&ワーク73編

……127

 4コマまんが作文を子どもにたくさん書かせたいと思っても、なかなか使える4コマまんがが見つからない。

 そこで、様々なスタイルのオリジナル4コマまんがを準備した。

 例えば、次のような内容である。

目　次

- ○　起承転結のはっきりした４コマまんが
- ○　ファンタジックな４コマまんが
- ○　季節感あふれる４コマまんが
- ○　似たパターンの４コマまんが
- ○　子どもの生活に基づいた４コマまんが
- ○　ナンセンスな４コマまんが

　さらに４コマまんがが必要な場合には拙著『圧倒的な作文力を鍛える！ピンポイント作文トレーニングワーク』（明治図書）に100程度のオリジナル４コマまんがを掲載しているのでこちらもご覧いただきたい。
　この章の最後に原稿用紙のスタイルの違う４コマまんが作文ワークを掲載した。子どもの実態に応じて使い分けていただきたい。また、作文ワークのまんがを他の４コマまんがと差し替えて使用いただきたい。

1 「4コマまんが作文」とは？
●ストーリーのある作文ワーク

1　4コマまんが作文とは

　4コマまんが作文は子どもを熱中させる教材である。どのくらい熱中するかというと、「4コマまんが作文を書きます。」と告げると子どもから「イエーイ！」と声が上がるほどである。さらに、荒れた高学年学級でも通常の作文ではブーイングが上がるのに、4コマまんが作文なら「書いてもいいや」と子どもが言うレベルなのである。

　もちろん宿題に出しても大好評だ。特別支援を要する子の母親から「4コマまんが作文をもっと宿題に出してほしい」と要望があったほどである。

　そして、確実に作文技術を身に付けることができる教材なのである。こんな作文指導をしない手はない。

　4コマまんが作文とは、

　　4コマまんがのストーリーを文章化した作文

である。以下のような作文だ。

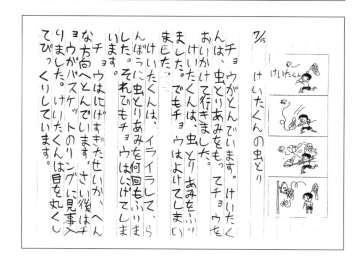

7/15　けいたくんの虫とり

　チョウがとんでいます。けいたくんは、虫とりあみをもってチョウをおいかけて行きました。けいたくんは、虫とりあみをふりました。でもチョウはにげてしまいました。けいたくんは、イライラして、いっぽうにむけて虫とりあみを何回もふりました。それでもチョウはにげてしまいます。チョウはにげすぎたせいか、へんな方向へとんでいます。さい後はチョウがバスケットのリングに見事入りました。けいたくんは目を丸くしてびっくりしています。

■1 「4コマまんが作文」とは？●ストーリーのある作文ワーク

書くための題材もあらすじもすべて目の前にあるので書きやすい。目からインプットした視覚情報が脳で文章に変換されてアウトプットされる。インプットからアウトプットするまでの時間が短いのでワーキングメモリーの少ない発達障害の子どもにも比較的楽に書くことができるのである。

そして、何よりも書いていて楽しい。

2 作文力を身に付けさせるステップ

作文力を身に付けさせるためには大きな2つの柱がある。

> 1 作文の書き方を教える（作文技術を習得させる）
> 2 教わった作文の書き方で多作する（習得した作文技術を習熟させる）

作文の書き方は授業で教えるべきである。教えた書き方で作文を多作させ、習熟を図るのである。向山洋一氏も野口芳宏氏も同様のことを書いている。授業での多作が難しい場合には「日記」のような宿題として習熟させる。私は日記を毎日書かせることで習熟させている。

それぞれの段階で作文教材が必要になる。

「作文技術を習得」させる段階の教材としては「向山式200字作文ワーク」がある。これは作文技術を教える（習得させる）ための教材ということになる。どのような教材であるかは後ほど述べる。

そして「習得した作文技術を習熟」させる段階の教材が「4コマまんが作文」なのである。

したがって、4コマまんが作文をいきなり書かせるのではなく、教えるべき作文技術を教えた後で、その習熟のために書かせる教材なのだ。4コマまんがの力を借りて、楽しく書かせながら、ある作文技術を習熟させるという教材なのである。

| 「向山式200字作文ワーク」等
作文技術の習得教材 | ⇒ | 4コマまんが作文
作文技術の習熟教材 |

3 作文技術を教える教材「向山式200字作文ワーク」

「向山式200字作文ワーク」は向山洋一氏の提案を基に新採6年目の村野が作成した作文ワーク群である。

『教室ツーウェイ』誌（1992年8月号）にて掲載された作文ワーク集で、今では私のHPから無料でダウンロードできるようにしてある。

その後、2005年に「新・向山式200字作文ワーク」を開発し、これもHPに掲載してある。

「向山式200字作文ワーク」　http://s-murano.my.coocan.jp/index.htm

主な内容は以下の通りである。

原稿用紙の使い方ワーク
常体と敬体の統一ワーク
一文を短くワーク
段落構成ワーク
接続詞ワーク
事実と意見ワーク
比喩表現ワーク
擬人法ワーク
倒置法ワーク
推敲しようワーク
漢字を使おうワーク
句読点ワーク
会話文ワーク
心内語ワーク
主語ワーク
名詞止めワーク　等

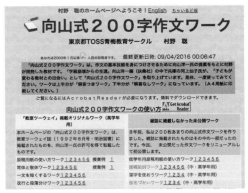

▲「向山式200字作文ワーク」HP

1 「4コマまんが作文」とは？●ストーリーのある作文ワーク

　400字詰め原稿用紙の半分が問題、半分が解答欄という形式の作文ワークである。数枚で1つの作文技術を習得させるようにスモールステップで構成されている。

　ユースウェアもHPに記してあるので是非お読みいただき、正しい使い方で使用していただければと思う。

　それぞれのワークについては上記HPを見ていただくことにして、例として「原稿用紙の使い方ワーク」を以下に示しておく。これは2005年の「新・向山式200字作文ワーク」である。3枚1セットで構成してある。

　なお、作文技術を教える教材は拙著『圧倒的な作文力が身につく！ピンポイント作文トレーニングワーク』（明治図書）にも示したので参照願いたい。

【向山式200字作文ワーク】

原稿用紙の使い方ワーク①　名前（　　　）

【問題】次の例文は正しい原稿用紙の使い方で書かれています。正しく写しましょう。

わたしはさかあがりができるようになりました。てっぽううつ。

【答え】

＊書き出しは一ますあけます。
＊名前の間とおわりは一ますあけます。
＊題名は二〜三ますあけます。

原稿用紙の使い方ワーク②　名前（　　　）

【問題】次の例文を正しい原稿用紙の使い方に書きなおしましょう。

お化けやしき

ぼくはゆうえんちのお化けやしきへいってきました。

あさのたかお

【答え】

* 題名は二〜三ますあけます。
* 名前の間とおわりは一ますあけます。
* 書き出しは一ますあけます。

原稿用紙の使い方ワーク③　名前（　　　）

【問題】次の例文を正しい原稿用紙の使い方に書きなおしましょう。

ペンのさんぽ

ペンのさんぽはぼくのしごとで、ペンも楽しみにしています。

うえだひさお

【答え】

* 題名は二〜三ますあけます。
* 名前の間とおわりは一ますあけます。
* 書き出しは一ますあけます。

4　3つの大きな作文技術の柱

　ところで、作文技術と一言で言ってもその数は膨大であり、整理が必要だ。

　私は次のように大きく3領域に整理して考えている。

１　マナー系作文技術

　「原稿用紙の使い方」「会話文の書き方」など表記上のルールに関する作文技術。

　どんな文体の作文指導にも必要な作文技術である。

２　オシャレ系作文技術

　「倒置法」「比喩」「擬人法」「リフレイン」などレトリックに関する作文技術。

　主に文学的文章（物語・詩・俳句等）に必要な作文技術である。

３　ジャンル系作文技術（文章構成法＝文章の型）

　「説明文」「報告文」「読書感想文」など文章構成（型）に関する作文技術。

　それぞれの文体の型を抽出し、型に合わせて様々な作文を書く技術である。

　これらの作文技術を小学校段階で系統的に配置する。次頁の表のように構想した。

　上記以外に「読書感想文」「行事作文」などの伝統的な作文指導が入ってくる。

　マナー系作文技術はすべての作文に共通である。また、下の学年で身に付いていなければ当該学年においてでも指導する必要がある。

　また、「詩」や「物語」などの文学的文章は「ジャンル系作文技術」であるが「オシャレ系作文技術」も使用されるのでその両方をまたぐ形で配置した。

　大まかな系統表であるがある程度、指導の目安になるだろう。4コマまんが作文で習熟すべき各学年の指導項目を年間計画に位置づけて指導を展開し

	マナー系作文技術	オシャレ系作文技術		ジャンル系作文技術
低学年	原稿用紙の使い方 会話文の書き方 主語と述語	比喩（明喩） オノマトペ	詩	生活文（時間的順序） 簡単な報告文・記録文 簡単な紹介文
中学年	常体と敬体の統一 一文を短く書く 心内語	擬人法 リフレイン 比喩（暗喩）	詩 物語	描写文（空間的順序） 簡単な説明文 報告文・記録文
高学年	事実と意見の区別 引用	倒置法 名詞止め	詩 短歌 俳句 物語 随筆	描写文（比喩・空間） 意見文（論理的順序） 説明文 （評論文）

たい。

　4コマまんが作文を使えば、ほとんどの作文技術を楽しく習熟させることができる。

5　支援学級でも有効な4コマまんが作文

　4コマまんが作文は子どもを熱中させる数少ない教材の1つである。通常級のみならず、支援学級の教室からも様々なご報告をいただいている。

　SNSで4コマまんが作文について提案したところ一番反響があったのが「支援学級」の教師からであった。

　白鳥真樹氏の報告を抜粋して紹介する。

　村野先生のダイアリーで紹介されている4コマ作文はすごいです。
　1年生Cさん
　生活などはすべて交流学級中心でできる。
　自分の気持ちを表すのが難しい。わからなくなると黙って動かなくなる。
　国語は読めるが、読み取りができない。

　白鳥氏はどんな指導で書かせたのか。

1　「4コマまんが作文」とは？●ストーリーのある作文ワーク

> ①　パワーポイントで一場面から主人公の名前を決める。
> ②　流れを見せる。
> ③　見せながら出てきた言葉を黒板に書く。
> ④　言葉を見ながら、黒板に一緒に考えた文を書く。黒板に書く言葉は一場面のものだけにする必要がある。

　Cさんの反応は次のようだったという。

> 　パワーポイントにしたことで、とっても楽しそうな笑顔を見せた。まだ、自分で文を考えることは難しいが、言葉を書き出すと場面の説明を声に出すことができた。文はたどたどしい。
> 　黒板に書いていく文は、場面ごとだけにして次の場面になると消すようにしました。

　これが11月上旬の指導だ。その1か月後の12月には次のようになったという。

> 　支援学級1年生のCさんが、初めて自分で文を書き始めた。
> 　しばらく時間をあけて2回目に行ったらCさんが3枚目のところでどんどん書き始めた。
> 　1回目に文の書き方や内容を理解し、2回目には自信をもって書くことができた。方法も以前のパワーポイントで見て、言葉をメモしてから文を書く流れを変えた。混乱していたからだ。修正した流れは、絵を見せて子どもの言葉を引き出す。
> 　それを黒板にはり、場面ごとに一緒に文を作成していく。
> 　「こっちのほうがいい」とCさんが珍しく言ってくれた。

　その翌日。

> 　1年生のCさんは、今までずっと文を書くとき、私の言葉を待っていた。「わからない」が口癖だった。
> 　昨日から急に自分で、文を書きだした。
> 　今日も参観者がいるにもかかわらず、自分で自信をもって書いていくことができた。

他にも事例がある。

> 　飛び入り参加のM君も、すらすらと書いていった。1・2行しか書けなかったことから比べるとすごい進歩だ。

そしてその後。

> 　今回は、久しぶりにM君が取り組んだ。
> 　段落わけも簡単に教えた。自分でそうしたら、×印で目印をつけた。
> 　書くのが大嫌いで、文も書けないM君が「早くこれやらせて」と言って裏まで書いた。

と言うのだ。
　同様の成果の報告を数名からいただいた。
　4コマまんが作文が支援学級でも有効であることをさらに実証していきたい。
　ぜひ、実践報告をお寄せいただきたい。

▼　Cさんが11月に書いた作文

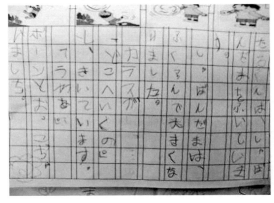

2 作文技術・技能が身につく
● 「4コマまんが作文」活用の法則

実践1　★マナー系作文技術
最初の指導は「段落構成」の指導をスモールステップで

1　「向山式200字作文ワーク」で段落構成と2コマまんが作文を体験させる

　4コマまんがを見ながらそのストーリーを作文にする「4コマまんが作文」。様々な作文技術を習熟させることができる。しかも、私の学級ではアンコールが起きた教材だ。

　最初の指導について述べる。最初は「段落指導」で4コマまんがを使用するとよい。ただし、いきなり4コマまんが作文を書かせようとしても難しい子がいる。最初はていねいにスモールステップで教えていく。

　まずは4コマまんが作文とはどんな作文なのかイメージを持たせる。そのために「向山式200字作文ワーク」を使用する。（http://s-murano.my.coocan.jp/index.htm「新・向山式200字作文ワーク」→段落構成ワークの1と2をダウンロードして使用する。）

　「段落構成ワーク①」の視写ワークから始める。（2コマまんが付き）

段落構成ワーク①　名前（　　　）

【答え】
一マスあけます。
段落は意味のまとまりです。段落の最初は
虫とりあみにゴールしたのです。
ませんでした。
ボールはサッカーゴールに入った、女の子の
でした。
しました。
けんたはサッカーボールをけりました。

【問題】
ています。正しくうつしましょう。
つぎの例文は一段落で書かれ

2 作文技術・技能が身につく●「4コマまんが作文」活用の法則

> この作文は2コマまんがの1コマを1段落で書いた作文です。

以下、次のように展開する。

> ① 先生に続いて読みなさい。
> 　（問題文→例文→＊の順に文で区切って追い読みさせる。）
> ② 例文は何段落ありましたか。（2段落）
> ③ 左の例文を右にそっくりそのまま写しなさい。
> ④ 写せたら隣同士交換して2段落になっているかチェックしなさい。正しかったら赤鉛筆で○をしてあげます。
> ⑤ 早く書き終えた子は何度も何度も小さい声で例文を読んで暗唱に挑戦していなさい。（暗唱すると体に文体が入ります。作文力がつくよ。）

　写し終えた子だけで例文を一斉に音読させたり、暗唱できた子に例文を見ないで発表させたりして、まだ写し終えていない子に時間をつくる。
　全員が写し終えたら、2枚目の段落構成ワーク②（例文修正ワーク）を使う。

段落構成ワーク② 名前（　　　）

【問題】つぎの例文を一コマ一段落（二段落）の作文に書きなおしましょう。

ひろしはカいっぱいバットをふった。たところが、ボールはグングンとんでいった。ボールを犬がくわえてにげた。みんなで犬をおいかけた。

＊段落は意味のまとまりです。段落の最初は一マスあけます。

【答え】

例文の間違いを修正するワークである。例文には段落がない。これを1コマ1段落に修正させることで、段落構成の技術を習得させるのである。

① 先生に続いて読みなさい。
　（問題文→例文→＊の順に文で区切って追い読みさせる。）
② 2段落目の最初の1文字を○で囲みなさい。
　　　　　　　　　　　　（正解は「ところが」の「と」）
③ この例文を2つの段落に書き直します。まずは「ひろし」の「ひ」だけ正しく書き直しなさい。
④ 隣同士、1マス空けてあるか確認しなさい。
⑤ 正しく書けていた子は、先ほど○した「ところが」の「と」まで写して持ってきなさい。
⑥ （正しく書けていた子には）最後まで書き直しなさい。

⑤で「と」まで視写させる意味が分かるだろうか。2段落目の最初の1字下げがきちんとできているか見るためである。もしこれを全文書き直しさせて1字下げを忘れた時は、かなりの分量を修正しなければならなくなる。

子どもが作文嫌いになるきっかけを作ることになる。「と」までの視写なら、もし間違えていても「と」1字だけの修正で済む。

このようにエラーレスで授業を構成していくことが大切だ。

ここまでやって、いよいよ4コマまんが作文ワークに挑戦させる。

2　4コマまんが作文の指導

より効果的に提示するならば、4コマまんがをバラバラにしてパワーポイントで1コマ1コマ提示する方法がある。

そういう準備ができなければ、4コマまんが作文ワークを示すところから始まる。

2 作文技術・技能が身につく● 「4コマまんが作文」活用の法則

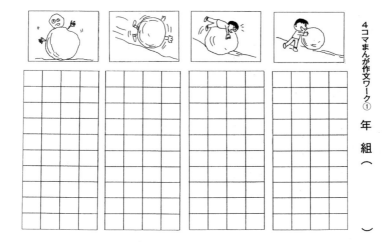

> この4コマまんがのお話を作文にします。このまんがを読んでいない人にも話が分かるように書いていきます。
> その時、1コマ1段落で書いていきます。
> まんがに書いてないことは想像して書いていきます。

こう話してから、

> まずは登場人物の名前を決めて、まんがに書き込みなさい。

と話し、人物名を決めさせる。これが結構盛り上がる。

何人かに「どんな名前にしましたか」と言わせると、他の子の参考になっていい。基本的にはどんな名前でも認めていく。

「ジュームス」だの「天才テレビ君」だの様々あって楽しい。

さとし君は雪玉を作っています。雪だるまを作ろうとしているのです。

> 1コマ目を1段落にします。先生はこんな風に書きました。

21

こう言って、前頁下の右図のような例文を示す。黒板に書いてもよい。

> １段落の１文目だけ書いて持ってきなさい。

こう言って、10秒ほどで、

> ストップ！

と声をかける。
　子どもたちはちょっとびっくりして手を止める。
　そこで言う。

> １段落の１マス目は、空・け・ま・し・た・か？　空けた人？

１字下げができていたことを確認して、作文を続けて書かせる。
このようにエラーレスで進めていく。
ここからは個別対応の授業となる。
１文目が書けて持ってきた子の作文を例示として全体に読んで聞かせる。
正しく書けていたら、

> （ここから）あと１文程度書いて１段落を完成させて持ってきなさい。

と指示する。
　（ここから）とは第１文の句点の次のマスである。
　以下、次のように展開していく。

> ①　１段落目ができて持ってきた子には２段落目を書かせる。２段落目が書けたら持ってくるように指示する。
> ②　２段落目の１字下げ等、できていれば４段落目まで書かせる。
> ③　４段落目まで書けた子には個別評定する。

2 作文技術・技能が身につく●「4コマまんが作文」活用の法則

（4段落が構成されていれば「A」とする。）

完成した子には別の4コマまんが作文（ワーク②）に挑戦させる。

以上の指導により、4コマまんが作文の書き方を習得させ、「段落」の構成方法を身に付けさせることができる。

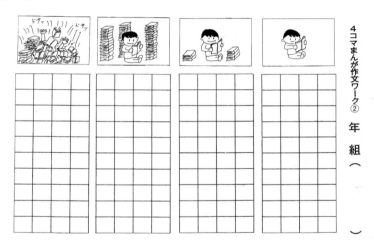

4コマまんが作文ワーク②　年　組（　　　）

3 家庭学習で習熟させる

せっかく教えた作文技術も単発では習熟させることができない。

そこで、家庭学習の課題として４コマまんが作文を書かせる。そうすることで作文技術を習熟させることができる。
　３年生が家庭学習で書いてきた作品を紹介する。前頁下に示した４コマまんがを子どもに配布し、１コマ１段落の段落構成で作文を書かせた。
　１コマ１段落の段落構成ができていなかった子はわずかに１名であった。４コマまんが作文効果だ。

【①の４コマまんが作文】
　ある日しゅんくんが畑でだいこんを見つけました。それからだいこんを引っこぬこうと思いました。
　しゅんくんは畑でだいこんをぬこうとしました。しゅんくんはがんばってだいこんをぬこうとしています。しゅんくんは目をつぶりながら後ろに引いてきました。
　しゅんくんがだいこんを引いているときだいこんが土からぬけました。しかしだいこんが引っこぬけるとき体を後ろに引いてしまったので体がおきあがりませんでした。
　そのまま後ろへたおれてしまいました。それと同時にもっていただいこんを顔にぶつけてしまいました。そのまま体がおき上がれないじょうたいになりました。

【②の４コマまんが作文】
　ゴンちゃんが、くさむらをふつうに歩いていました。
　すると、風がいきなりふいてきて「ビュー」と、ゴンちゃんがかぶっていたぼうしが風にとばされてしまいました。ごんちゃんはぼうしをおいかけました。
　ぼうしはとばされた時よりも、高く上がってしまってどんどん風も強くなってきて、ごんちゃんはもうくたくたになってしまいました。
　とばされていくうちに、かかしが見えてきました。かかしは立っていたので、ちょうどごんちゃんのぼうしがかかしの頭にはまりました。ご

んちゃんは、
「すごい！」
と言いました。その後、また強い風がふいてきて、ごんちゃんはまたくろうするはめになったのです。

【③の４コマまんが作文】
　サメダ君が湖で魚をつかまえようと手をだして、「大きい魚をつかまえたら、おさしみにして食べる、いや、魚をやいて食べるとどっちにしよう。」なぁんて言っていました。
　サメダ君の魚をつかまえようとしていた手の前で「ザブ〜」と音がきこえたので見るとサメがいました。
　サメダ君は、
「サメだ。サメだ。サメだ。きゃー。」
とおおあわてで見えないずうっとずうっと向うの方にいってしまいました。
　それはなんとサメダ君の友だちのカンブリ君がただとんがったぼうしをかぶっていただけなのです。カンブリ君はサメダ君のことを見てずっとわらっていました。

　もちろん、評価は「１コマ１段落」で書けているかどうかを見るのである。

4　４コマまんが作文習熟用ワーク

　４コマまんが作文ワーク③〜⑤を以下に掲載する。記述欄である原稿用紙が以下の通り徐々に進化する。

　ワーク①②…原稿用紙が段落ごとに分かれたワーク
　ワーク③④…原稿用紙が段落ごとに分かれていないワーク
　ワーク⑤……原稿用紙の分量が多くなったワーク

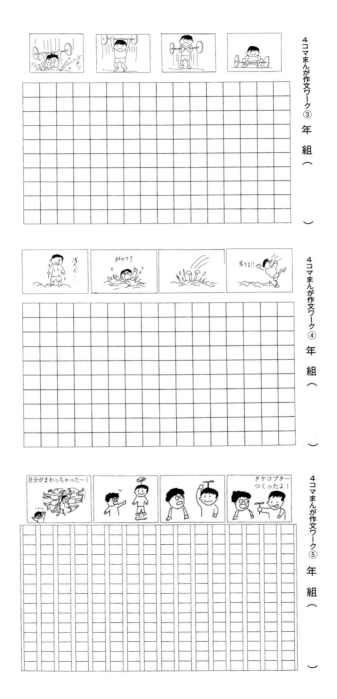

2 作文技術・技能が身につく● 「4コマまんが作文」活用の法則

段落構成シート① 名前（　　　　　　　　　）

【答え】

【問題】 つぎの例文は、一コマ一段落で書かれています。正しく「ヽ」「。」で書きましょう。

① まもなくけんくんをおこちゃまのカーをボールにしました。

② ボールはキャプテンに、女の子のうしろであみの中にあたりました。

＊段落は意味のまとまりです。段落の最初は一マスあけます。

段落構成ワーク② 名前（　　　　　　　）

【答え】

【問題】つぎの例文を一つの段落（二段落）づつの作文に書きなおしましょう。

① バットをふって、ボールを打とうとしたがくうをきった。ボールはかごろがった。

② 犬がきて、おいかけておこられた。ボールを犬がくわえて大いそぎでにげた。

＊段落は意味のまとまりです。段落の最初は一マスあけます。

2 作文技術・技能が身につく●「4コマまんが作文」活用の法則

④コマまんが作文シート① 年　組（　　　　　　　　）

4コマまんが作文ワーク② 　年　組（　　　　　　　）

2 作文技術・技能が身につく●「4コマまんが作文」活用の法則

4コマまんが作文ワーク③　年　組（　　　　　　　）

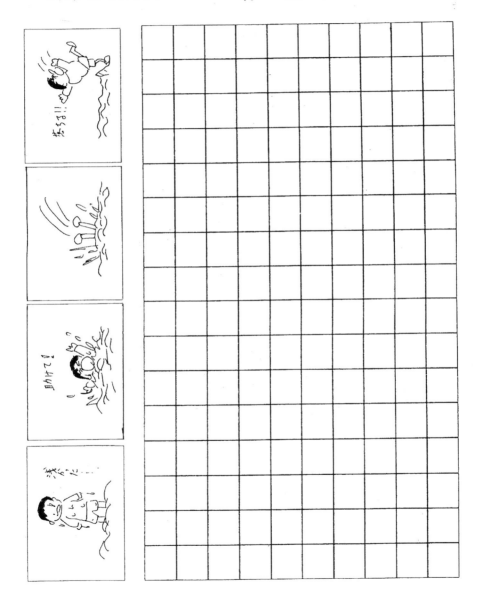

❷　作文技術・技能が身につく●「4コマまんが作文」活用の法則

4コマまんが作文ワーク⑤　年　組（　　　　　　　　）

タケコプターつくったよ！

自分がまわっちゃった～！

33

さらに習熟を図るための4コマまんがも示しておこう。

(作・君島智歌)

実践2
作文の表記を整える

★ マナー系作文技術

作文指導でよくありがちな指導に、

> 一度の作文指導でたくさんの指導をしてしまうこと

がある。

　原稿用紙にたくさんの添削をすることが作文指導と勘違いしている人がいる。

　真っ赤に染まった原稿用紙を見て、やる気になる子は少ないだろう。私はこれを「血だらけの原稿用紙」と呼ばせていただいている。

　確かに、作文には実に細々とした作文の表記ルールが存在する。

```
1  題名の書き方
2  名前の書き方
3  書き出しの1字下げ
4  改行の仕方
5  会話文の書き方
6  ぶら下がりの句読点
7  常体と敬体の統一
```

これらを一度に指導してはいけない。一時に一事の原則で指導する。
　そのための教材が、

「向山式200字作文ワーク」　http://s-murano.my.coocan.jp/index.htm

である。

200字作文ワークを使用して、たった１つの指導項目を教える。
　その後、習熟段階の指導として「４コマまんが作文」を実施するのだ。
　表記の整った作文は読みやすくなる。
　例えば、たくさんの表記ルールの中の１つ、「会話文の改行」の表記は高学年でもできていない子が多い。
　ポイントは、

> 　会話文は「一人ぽっち」にする

ということだ。

> 　　ぼくは、
> 「作文が大好きです。」
> と言った。

　このように会話文だけで１行を使う。
　200字作文ワーク「会話文ワーク」でこれを教え、その後、次に示すような、会話文が入った４コマまんがを使用して、会話文の書き方を習熟させる。
　ちなみに、心内語（心の中で思った言葉）は「　」を改行しないという傾向がある。
　他の表記ルールも「向山式200字作文ワーク」で指導が可能だ。
　４コマまんが作文と組み合わせながら楽しく表記指導を行ってほしい。

2 作文技術・技能が身につく●「4コマまんが作文」活用の法則

4コマまんが作文シート　年　組（　　　　　　）

4コマまんが作文ワーク　年　組（　　　　　）

ハーモニカの授業

きみのハーモニカ
音が出てないんじゃない？

トウモロコシ……

❷ 作文技術・技能が身につく●「4コマまんが作文」活用の法則

4コマまんが作文シート　年　組（　　　　　　）

実践3 ★オシャレ系作文技術
レトリックの習熟に適した
４コマまんがを使った作文指導

1　レトリックも４コマまんが作文で習熟させる

　レトリックの指導にも４コマまんがが使える。

　レトリックを教えるにはまず、作文技術を教える教材を使用する。

　例えば、

「向山式 200 字作文ワーク」　http://s-murano.my.coocan.jp/index.htm

である。

　レトリックに関する「向山式 200 字作文ワーク」は以下の通りである。

1　比喩表現（明喩・暗喩）
2　擬人法
3　倒置法
4　名詞止め

　また、私が 1999 年に出版した、

『作文技術をトレーニングする作文ワーク集』

の中のレトリック指導用作文ワークもおすすめである。

　ただし、この本は「好評絶版」中である。

　そこで、次の作文ワークを本書に再掲載することにした。

2 作文技術・技能が身につく●「4コマまんが作文」活用の法則

> 1　明喩………たとえることばをつかおう（低学年用）
> 2　擬人法……まるで人間のように書こう（中学年用）
> 3　暗喩………たとえを使おう（高学年用）

　以上のワークでレトリックを教えた後に、4コマまんが作文で習熟を図っていくことになる。その時、習熟させたいレトリックに適した4コマまんがを使用するようにする。

　ちなみに、『作文技術をトレーニングする作文ワーク集』は1つの作文技術を「視写」「書き直し」「実作」の3ステップで身に付ける教材である。

　本書に再掲載したものはそのうちの「視写ワーク」（ステップ1）と「書き直しワーク」（ステップ2）である。

　「視写ワーク」で作文技術を理解し、「書き直しワーク」で作文技術を習得させる。本書ではステップ3「実作」で4コマまんが作文を使用するように提案したのである。

　レトリックをいくつか教えると、次のような詩が生まれる。

> 　てれやな空
> 夕方になると　空が真っ赤にもえる
> 空は火事になる
> けれど空は　おこっているわけじゃない
> ただ、みんなに
> 「今日はいい天気だね」
> といわれ　てれているんだ

　「比喩」と「擬人法」を使いこなしている。

ことばをたくさんつかおう なまえ（　　　　　　　）

【スモールステップ】　それぞれの文章は、「～のように」「～のような」といって、ことばをたくさんつかっています。下のらんにうつしましょう。

<その1>

1											
2											
3											
4											
5											

「でんでんむし」に「かたつむり」とかいてあります。

1	あ	め	の	つ	ぶ	の	か	た	ち	の	
2	あ	な	の	な	か	に	あ	た	ま	を	
3	か	く	し	て	じ	っ	と	し	て	い	る
4	で	ん	で	ん	む	し	は	、	か	た	つ
5	む	り	と	も	い	う	。				

（三年国語「自然のかくし絵」より）

<その2>

「くまぜみ」に「スズメ」とかいてあります。

| に | ぎ | や | か | な | せ | ー | の | お | う | な | く | ら | け |…|…|

（三年しぜん「スズメ」より）

2 作文技術・技能が身につく●「4コマまんが作文」活用の法則

言葉をつなげて話を作ろう　なまえ（　　　　　　　　　）

【ストーリーを作ろう】　ストーリーの流れを考えながら、絵に合う文を書きましょう。

（れい）　「さむい」…「ゆきがふってきた」　「こい」…「金魚がおよいでいる」

<その1>
① つよい

<その2>
② さむい

<その3>
③ さむく

<その4>
④ こおり

<その5>
⑤ さむい

<その6>
⑥ あたたかい

43

まるで人間のように書こう　年組（　　　　　　）

【ステップ１ーうつす】次の作文は人間でないものをまるで人間であるかのように書いています。正しくうつしてみよう。

<その1>

「湯気」「木の葉」「今日」をまるで人間が「さようなら」しているかのように書いています。

	1	湯	気	が	コ	ッ	プ	に	さ	よ	う	な	ら	す	る
	2	木	の	葉	が	枝	に	さ	よ	う	な	ら	す	る	
	3	今	日	が	あ	し	た	に	さ	よ	う	な	ら	す	る

（原田直友作「まねね」より部分引用）

<その2>

「大木」をまるで人間であるかのように書いています。「わたし」と書くことで書き手が「大木」になりきっています。

	1	大	木												
	2	わ	た	し	は	ど	こ	に	も	ゆ	け	な	い	か	ら
	3	と	く	歩	い	た										

（原田直友作「大木」より部分引用）

人間でないものをまるで人間であるかのように書く書き方を「擬人法」と言います。

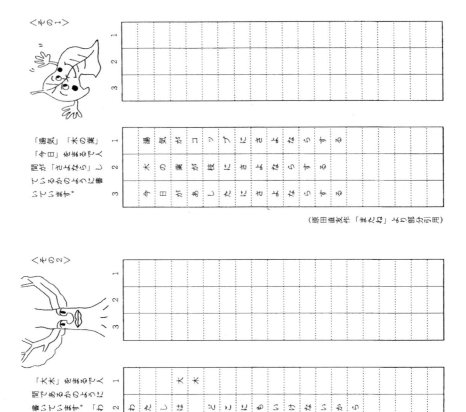

44

2　作文技術・技能が身につく●「４コマまんが作文」活用の法則

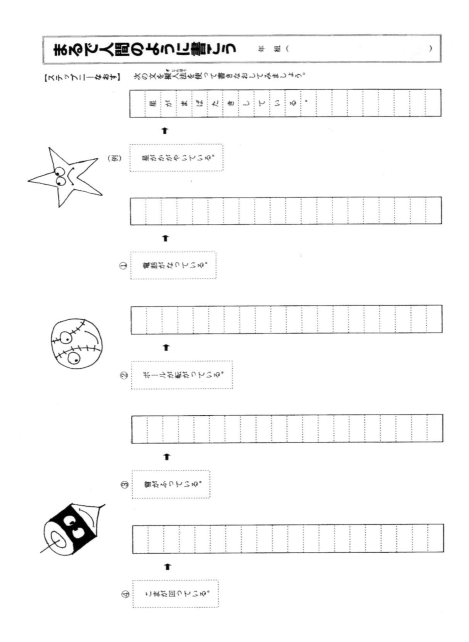

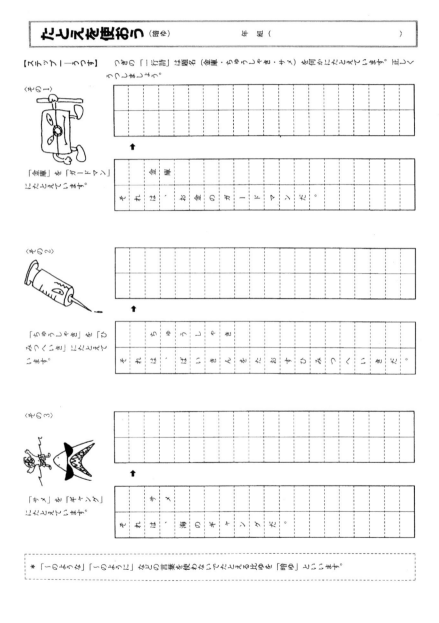

2 作文技術・技能が身につく● 「4コマまんが作文」活用の法則

たとえを使おう （暗ゆ）　　年　組（　　　　　　）

【ステップ1—なおす】次の「1行詩」はたとえが使われていません。〜〜〜〜の言葉をかえて題名を何かにたとえて書きなおしましょう。

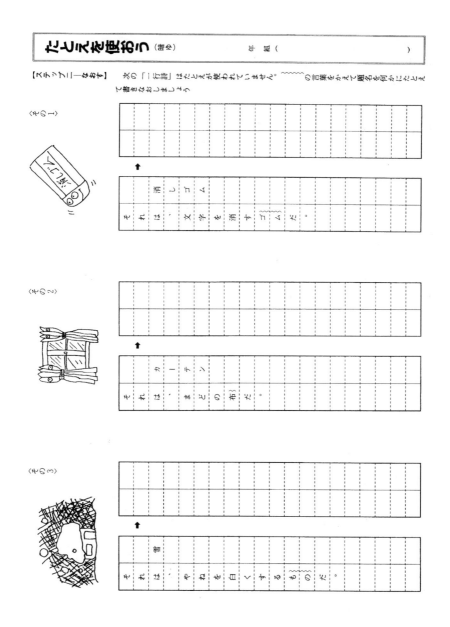

〈その1〉

消しゴム
それは、文字を消す〜〜〜〜ゴムだ。

〈その2〉

カーテン
それは、まどの布だ。

〈その3〉

書
それは、やねを白くする〜〜〜〜ものだ。

47

2 レトリックに適した4コマまんが

　比喩の習熟に適した4コマまんがは以下のようなものである。明喩ならば「〜みたいな」「〜のような」が使いやすい4コマまんがである。

　例えば、下の4コマまんがなら「雪だるまのような男性」「雲のような生き物」のように明喩を使うことができる。

また、擬人法ならば、下のような４コマまんがが適している。人間でないものが人間であるかのように表現するのが擬人法である。したがって、３枚の葉っぱが「さようなら」を言いながら散っていくように書かせたり、目覚まし時計が主人を起こそうと激しく怒っていくような様子を書かせる。

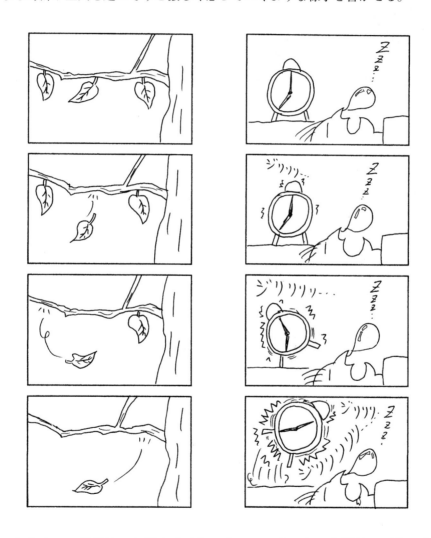

ちなみに、倒置法や名詞止めはどんな４コマまんがでも習熟が可能である。

「作文の中に倒置法を使いなさい。」と言って書かせる。倒置法ワーク、名詞止めワークを活用して欲しい。

倒置法を使った作文　年　組（　　　）

【ステップ１つ１つ】言葉の順序を入れかえて書くことを「倒置法」と言います。次の例文は倒置法で書かれています。「倒置法を使った例文」を正しくうつしましょう。

＜その１＞

倒置法を使った例文：さいている、とても美しい花が。

普通の文：とても美しい花がさいている。

＜その２＞

倒置法を使った例文：わらっているね、女の子が。

普通の文：女の子がわらっているね。

＜その３＞

倒置法を使った例文：みんなあげちゃえ、おかしを。

普通の文：おかしをみんなあげちゃえ。

倒置法で言葉の順序が入れかわった文は間に読点（、）を打つのが普通です。

2 作文技術・技能が身につく●「4コママンが作文」活用の法則

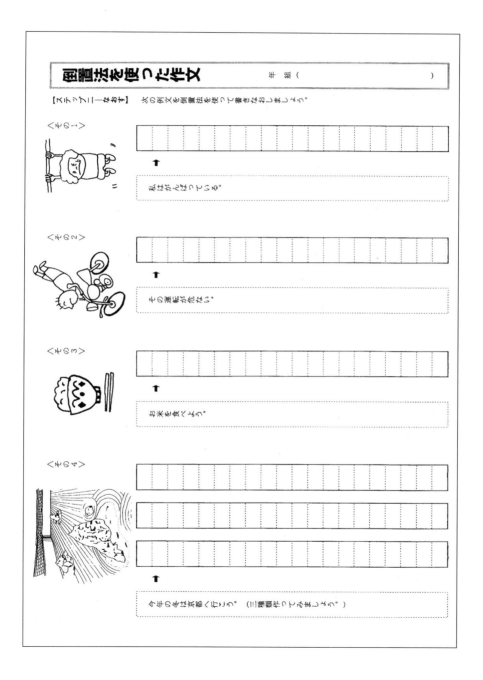

倒置法を使った作文　　　年　組（　　　　　　）

【ステップ1—なぞる】　次の例文を倒置法を使って書きなおしましょう。

〈その1〉
↑
私はがんばっている。

〈その2〉
↑
その運転が危ない。

〈その3〉
↑
お米を食べよう。

〈その4〉
↑
今年の冬は京都へ行こう。（三種類作ってみましょう。）

51

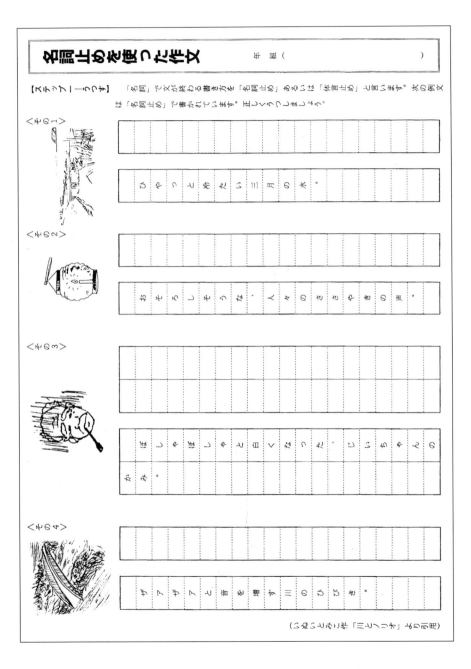

2　作文技術・技能が身につく●「4コマまんが作文」活用の法則

名詞止めを使った作文　　年　組（　　　　　　　）

【ストーリーをおす】次の例文を（　）の中の名詞で終わる名詞止めに書きなおしましょう。

例　文　｜　先生は夏休みに京都へ行った。

<その1>

↑
（先生）

<その2>

↑
（夏休み）

<その3>

↑
（京都）

53

実践4

★ ジャンル系作文技術

4コマまんがを使ってつくる俳句

　4コマまんがの内容を俳句にさせる実践もある。
　もちろん、俳句については教えておく(「5・7・5」「季語」)。
　2014年3月30日に大谷貴子氏が教え方セミナーで行った実践をもとに紹介する。

> 　今日は4コマまんがを見ながら俳句をつくります。
> 　例えば、この前も使った4コマまんがで先生がつくってみました。この日は何の日ですか。

「節分です。」

> 　節分の　おにが子どもに　豆投げる

　この俳句を全員に読ませ、ノートに写させる。
　このようにまずは例文を示し、読ませ、視写させるのが作文指導の第1ステップである。

> 　「節分の」のように4コマまんがの中から5文字にできそうなものを見つけることがポイントです。

　こう言ってからいよいよ子どもに俳句をつくらせる。

> 　では、今から配る4コマまんがの中から5文字にできそうなものを考えます。「じゃ、じゅ、じょ」などは、1文字として数えます。

2 作文技術・技能が身につく●「4コマまんが作文」活用の法則

　以下のワークシートである。これも大谷氏が作成したワークシートである。

　子どもは「じょ夜のかね」「大みそ日」などを考える。

　隣同士で紹介させ合って、分からない子のヒントにさせるのもよい。

　では、5文字にした言葉を使って、5・7・5になるように、俳句をつくります。どうしても1文字ぐらい多くなっちゃうこともあります。それでもいいです。

　実はこの4コマまんがにはエラーレスな仕組みがある。お分かりだろうか。

　大谷氏は「4コマまんがの太字に着目させる」と言っている。4コマまんがの「太字」だけをつなげれば俳句ができてしまうのである。素晴らしいアイディアだ。

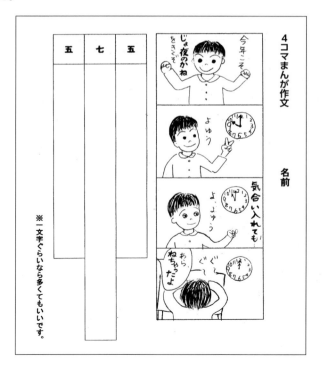

大谷氏はこの後、「できた子から板書させる」とある。そして、

> どうしても思い浮かばない人は、黒板を参考にしていいですよ。

と指示している。
　黒板の俳句がお手本になり、書けない子のヒントになるのである。まったく手がつかない子には黒板の俳句を1つ選ばせて視写させればよい。
　何もしないのが一番よくないのである。視写する時に、自分がいいなあと思った作品を選ぶのだから、その時点で学習が成立しているのである。
　作品例を示す。

> 　じょ夜のかね　聞く前につい　寝てしまう
> 　大みそ日　気合を入れても　ねてしまう

　この後は、他の4コマまんがを複数提示して作品を多作させていく。例えば次のような4コマまんがが有効だ。

2 作文技術・技能が身につく● 「4コマまんが作文」活用の法則

① 例「雪とけて　木の芽が春を　告げている」
② 例「秋深し　昼はモミジで　夜団子」
③ 例「わあ雪だ　雪といえば　雪合戦」

さらにいくつかの4コマまんがを紹介しておく。

なお、同様の指導で短歌の指導も可能である。

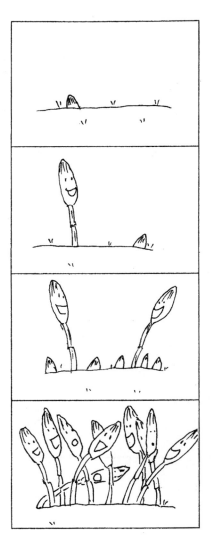

57

(以上4編　作・村野　聡）

実践5 ★ジャンル系作文技術
物語の書き方の基本を教える

1 物語の書き方の基本を4コマまんが作文で教える

小学校学習指導要領の言語活動例に、

> 物語を書く

とある。3年生以上だ。

物語の書き方の基本を4コマまんが作文で教えることができる。

教科書の物語を書かせる単元に入る前に4コマまんが作文でトレーニングをさせておくとよい。

物語を書くための作文技術は次の2つだ。

> 1 起承転結の文章構成法
> 2 視点の変換

物語には必ず「事件」が起きる。起承転結の文章構成は「転」で大きな事件が起きるのである。そして「視点」を変換することで、主役が語るか、ナレーター（話者）が主役について語るかの違いを表現することができる。

2 起承転結の作文指導

起承転結の文章構成はドラマチックな展開だ。ポイントは3段落の「転」と4段落の「結」だ。「転」で話がこれまでとは大きく変化する。そして「結」でオチが付く。このオチを最後まで分からないように書かせることが重要だ。

そのために、次のように工夫する。

> 3段落の書き出しを「ところが」とする。
> 4段落の書き出しを「なんと」にする。

こうすることで、3段落は「転」ずるしかなくなり、4段落でオチを「結」べる。

作文ワークには、「ところが」「なんと」を薄く印刷しておき、なぞるようにさせる。

2枚目からは、自分で書かせる。

ちなみに、4コマまんがはすべて「起承転結」で書かれていると思われている節があるが、実は正確な「起承転結」で書かれた4コマまんがはほとんどないといっていい。「転」のない4コマまんがが圧倒的である。

そこで、「起承転結」の4コマまんがを自作することも多い。

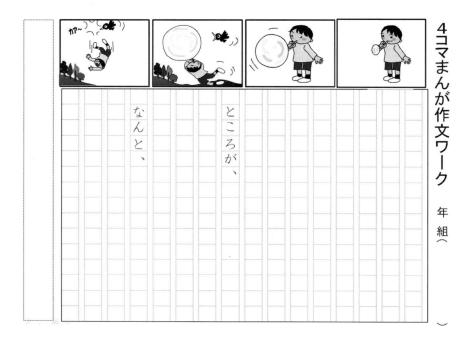

3 視点の変換

文章には大きく2つの書き方がある。

```
1　1人称視点の文章
2　3人称視点の文章
```

1人称視点は「わたしが〜」「ぼくが〜」という書き方だ。登場人物の1人が話者になる書き方だ。日記のパターンだと教える。

3人称視点は「ひろしが〜」のようにすべての登場人物を話者が外から見て語っている形になる。

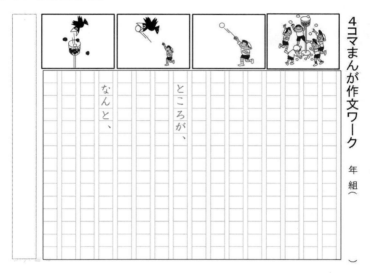

子どもたちは3人称視点の文章が書きやすいと初めは言う。しかし、時には1人称視点でも書かせるとよい。視点の変換である。

1人称視点で書かせる場合、次のように言って書かせる。

```
　自分が登場人物の誰かになったつもりで書いてみましょう。その場合「わたしは〜」で書いていくのです。日記と同じ要領です。
```

２つの視点で４コマまんが作文を書き分けさせるのだ。これで物語の書き方を習得できる。
　何度も何度も書かせることが習熟段階では重要だ。４コマまんが作文なら何度書いても子どもが喜ぶ。
　作文ワークによる４コマまんが作文の作品例を以下に示す。
（掲載した作文ワークの４コマまんがのアイディアは保坂雅幸氏。４コマまんが執筆は辻野裕美氏。）

① 　ひろしくんが一人でシャボン玉をつくって遊んでいます。今日は一人で遊びたい気分なのでしょう。
② 　ひろしくんのシャボン玉がだんだん大きくふくらんできました。どれだけ大きなシャボン玉になるのでしょう。ひろしくんは楽しみになってきました。
③ 　**ところが、**シャボン玉が大きくなりすぎてひろしくんの身体が空中にうかんでしまいました。ひろしくんはどうなってしまうのでしょうか。
④ 　**なんと、**カラスが、
　「カア～」
となきながらとんできて、ひろしくんのシャボン玉をわってしまったのです。ひろしくんはまっさかさまに落下していきました。

2 作文技術・技能が身につく●「4コマまんが作文」活用の法則

① 今日は運動会です。今、1年生の「玉入れ」が行われています。赤白どちらが勝つのでしょうか。

② ひろしくんが白玉をなげました。ちゃんと入るのでしょうか。

③ **ところが、**カラスがとんできて、ひろしくんのなげた白玉をくわえてしまいました。ひろしくんはびっくりしています。

④ **なんと、**その白玉をカラスが赤組のかごに入れてしまったのです。この場合、この白玉はどちらの得点になるのでしょうね。

以下、起承転結のはっきりした「物語」の指導に適した4コマまんがを掲載する。

コラム1 「落書き感覚」

書き込み式4コマまんが作文は子どもから歓迎される作文指導である。しかし、こんな悩みも生じる。

書き込み式でない4コマまんが作文を書かせようとしても、子どもが勝手に「書き込み」をしてストーリーを改変してしまうことがある。

それくらい「書き込み式」は子どもにとって楽しいらしい。

日常的に教科書やテストの隅のキャラクターに落書きをする子どもは多い。

子どもにとって「書き込み」は落書き感覚なのだと思う。

そのままのストーリーを教師としては書かせたくてもクリエイティブライティングを体感してしまった子どもたちは止まらない。

したがって、これから4コマまんが作文を実践される方は、最初から「書き込み式」をしない方が無難である。

うれしい悲鳴である。

（作・中島詳子）

2　作文技術・技能が身につく●「4コマまんが作文」活用の法則

(作・中島詳子)

（作・荻野もも子）

❷　作文技術・技能が身につく●「４コマまんが作文」活用の法則

（作・乙津優子）

4コマんが作文ワーク 年 組（　　　　）

とつぜん、

なんと、

2 作文技術・技能が身につく●「4コマまんが作文」活用の法則

4コマまんが作文シート　年 組（　　　　　　）

（3コマ目）ところが、

（4コマ目）なんと、

実践6 ★ジャンル系作文技術
生活作文に生きる時間的順序の指導

1　3つの述べ方の順序

作文の述べ方の順序には大きく3つある。

1　時間的順序
2　空間的順序
3　論理的順序

　時間的順序による記述とは、体験したことや事件などを起こった順序にしたがって書いていくことである。特に低学年の生活作文で教える技術である。概して日本の小学校ではこの時間的順序で書かせることが多い。
　時間的順序を鍛えるためには「時間の順序を表す接続語」を使えるようにすることが大切である。「まず」「次に」「そして」「最後に」である。

2　時間的順序がはっきりした4コマまんがを使う

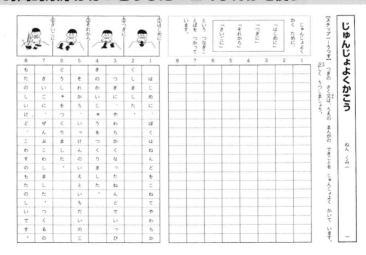

2 作文技術・技能が身につく● 「4コマまんが作文」活用の法則

　時間的な順序がはっきりした4コマまんがを使って学ばせる。
　作文ワークを使って指導する（前ページ掲載）。
　まずは視写ワークである。教師が読んで聞かせ、「順序を表す接続語」が使われていることを教える。その上で全文を視写させる。
　視写ワークをはやく終えた子には例文を何度も小さな声で読ませて暗唱に挑戦させる。お隣同士で正しく書けているか確認させて丸付けをさせる。
　次に2枚目の作文ワークである。

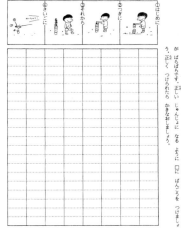

　例文がバラバラになっている。これを正しい順序で並べ替えをさせるのである。

　正しい順序になるように番号をつけなさい。

と指示して、ワークを持ってこさせる。
　正しい順序で書かれていたら、右側に正しく書き直しさせる。
　この作業は子どもに人気がある。
　ここまでで2回、時間的順序を使用した4コマまんが作文を視写したので時間的順序の作文技術がだいぶ身体に入ったはずだ。
　そこで、次は実作に挑戦させる。これも4コマまんがの力を利用する。

71

次のようなバラバラ4コマまんがを正しい順序にさせてから作文にさせる。

2つのバラバラ4コマまんがと子どもの作文を紹介する。

 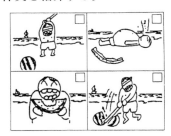

　ぼくは友だちと雪合戦をしました。
　初めに、ぼくは雪だるまのかげで雪玉を作りました。
　次に、その雪玉を相手めがけて投げました。
　それから、ぼくはすばやく相手の雪玉をよけようと雪だるまのかげにかくれました。相手の雪玉が雪だるまの頭にあたりました。雪だるまの頭がふっとびました。
　最後に、ぼくの頭の上に雪だるまの頭が落ちてきました。ぼくはすっかり雪まみれになってしまいました。まるでぼくが雪だるまになったようです。

　初めに、男の子がすいかわりをしようとしています。目ははちまきで目かくししています。手にはぼうを持っています。すいかに近よってきました。
　次に、男の子は思いきりぼうをふりおろしました。みごとにすいかを半分にわることができました。
　それから、男の子はわったすいかをニコニコしながら食べました。
　最後に、男の子は海岸でねてしまいました。すいかをたくさん食べてねむくなったのでしょう。おなかが大きくふくれています。

2 作文技術・技能が身につく●「4コマまんが作文」活用の法則

バラバラ4コマまんがをいくつか掲載しておく。習熟に使用する。

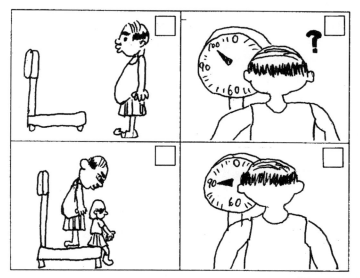

(作・荻野もも子)

(作・中島詳子)

73

じゅんじょよくかこう

ねん　くみ（　　　）

【ステップ１　うつす】　つぎの　さく文は、うえの　まんがの　できごとを　じゅんじょよく　かく　ために、「はじめに」「つぎに」「それから」「さいごに」という　つなぎことばを　つかって　います。正しく　うつしましょう。

①はじめに　②つぎに　③それから　④さいごに

8	7	6	5	4	3	2	1
も	た		ど	そ	き	つ	く	は
の	の	さ	う	れ	の	ぎ		じ
し	し	い	しゃ	か	か	に		め
い	ご	を	ら	い			に
け	に	つ			じゅ	や	ぼ
ど	・	く	い		う	わ	く
・	ぜ	り	っ	い	を	ら	は
こ	ん	ま	け	ち	つ	か	ね
わ	ぶ	し	ん	の	く	く	ん
す	こ	た	の	い	り	な	ど
の	わ	・	い	え	ま	っ	を
も	し		え	と	し	た	こ
た	ま		と	い	た	ね	ね
の	し		い	ち	・	ん	て
し	た		ちゅ	だ		ど	や
い	・		う	い		で	わ
で	つ		の	の		いっ	ら
す	く		じ			ぴ	か
・	る						

じゅんじょよくかこう

ねん　くみ（　　　）

【ステップ２　なおす】　つぎの　さく文は、うえの　まんがを　みて　かきました。ところが、文の　じゅんじょが　ばらばらです。正しい　じゅんじょに　なる　ように　□に　ばんごうを　つけましょう。正しく　つけられたら　かきなおしましょう。

①はじめに　②つぎに　③それから　④さいごに

□　それから、つみあげたかんといすにボールをなげました。
□　つぎに、かんのうえにいすをつみました。
□　さいごに、ぼくはかんを２つつみあげました。
□　ぼくはそのばからたちさりました。
□　みごとにめいちゅうしました。
□　はじめに、

74

実践7 ★ ジャンル系作文技術

「4コマまんが」「わくわくずかん」を使った詳しい説明文の書き方指導

1　詳しい説明文を書かせる

　3年生までは次のような説明文を書かせてきた。トピックセンテンスだけで構成された短作文だ。

　ありは小さな虫です。（話題提示）
　ありは何を食べるのでしょうか。（問題提起）
　1つ目は、さとうです。（具体例1）
　2つ目は、あめです。（具体例2）
　3つ目は、アイスです。（具体例3）
　このように、ありはあまいものが好きなのです。
　　　　　　　　　　　　（まとめ＝具体例1〜3の共通点）

　説明文の「骨」の部分だけを取り出し、説明文の型を教えたのである。
　このリライトされた説明文を元にしてより本格的な説明文を書かせる。主に「具体例」の内容（展開部）をトピックセンテンスに続けて詳細に書かせることにする。
　4年生に次の指導計画を立てた。

　第1時　例文を視写し、説明文の書き方を理解する。
　第2時　図鑑を使って詳しい説明文を書く。
　第3時　新しい題材で詳しい説明文を書く。

　それぞれの時間に対応した作文ワークを準備する。

2　4コマまんがで導入する

　例によって4コマまんがを1コマずつプロジェクターで提示していく。こう導入すると子どもたちの「ノリ」が違う。

　今日はこの4コマまんがを詳しい説明文にします。

　こう言ってからワークシート1を配る。

　教師が読んで聞かせ、子どもにも数名音読させる。

　各段落の1文目だけ読んでいきます。

　トピックセンテンスだけを教師が読んでいくのだ。同様に子どもにも読ませる。

　何か気が付きませんか。

　子どもたちは「意味が分かる」「内容が分かる」というようなことを言う。
　そこで、説明する。

> このように、その段落で一番大事な1文を段落の最初に置きます。この大事な1文をトピックセンテンスと言います。言ってごらん。

子どもたちは言う。
そして、

> トピックセンテンスの後に詳しい説明を書いていくのです。

このように教える。

3 分けて直写させる

例文を直写して書き方を教える。

> トピックセンテンスだけなぞりなさい。

この指示でトピックセンテンスのみに集中して書かせることができる。トピックセンテンスのみの直写なので、作業時間に大きな差が生じない。
次に「詳しい説明」の書き方を教える。

> 詳しい説明は何を使って調べたと思いますか。

子どもたちは「図鑑」だと言う。

> 『わくわくずかん』を見て書かれています。
> カラスノエンドウの詳しい説明は図鑑のどこを見て書いたのでしょうか。

『わくわくずかん』(正進社)で調べさせる。
つくしもスズメノテッポウも見てみる。

そして、

> 全文なぞりなさい。

と言って残りの例文を直写させる。早く終えた子には例文暗唱させて待たせる。

ここまでが第1時の指導である。

4 例文音読・直写

第2時の指導である。子どもたちが自分で考えて書く分量を少し増やしていく。

今回は『わくわくずかん』（正進社）の昆虫編を使用する。

前時と同様に4コマまんがから導入する。

1コマ1コマをプロジェクターで投影しながら提示していく。

その後、ワークシート2を配布する。

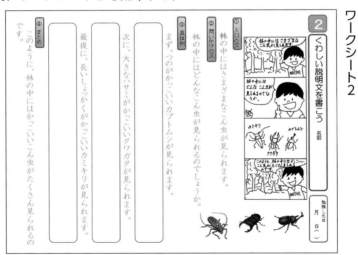

> 今日のワークシートの例文は「トピックセンテンス」だけで書かれています。

こう説明してから教師が一度、例文を読んで聞かせる。

　　３回音読したらなぞりなさい。全員起立。

　この指示で直写まで進める。早く終えた子は例によって例文暗唱に挑戦させる。

5　詳しい説明を書く

　次に、昆虫の詳しい説明を書かせる。

　『わくわくずかん』でカブトムシのことを詳しく調べます。
　調べたことをワークシートの四角の中に、トピックセンテンスに続く形で書きます。書けたら見せにきなさい。

　早くできた子の文章は例示として全体に紹介していく。黒板に書かせると書けない子の参考になってよい。
　書けた子には、次のクワガタについて書かせる。
　作文指導ではこのように書く箇所を細分化し、小刻みに何度も持ってこさせるとよい。
　まとめて書かせた場合、間違いがあると全部書き直さなくてはならなくなるからである。書いた本人もやる気を失ってしまうのである。
　また、教師が何度も１人の子と関わることができるよさもある。
　クワガタについて書けた子は最後のカミキリについて書かせるということになる。こうして昆虫の詳しい説明文が書き上がる。
　早く終えた子にはワークシート３に挑戦させる。

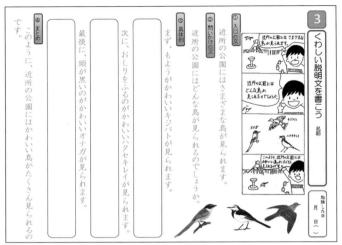

ただし、野鳥図鑑が必要になる。またはここに示された3羽の鳥のページだけ印刷しておいて渡してもいいだろう。

6 第3時の指導

第3時はワークシート4を使用する。これまでに書いた説明文を参考に、自分の力で書き上げさせる。テーマはこれまでの植物・昆虫・野鳥から選択させればよい。

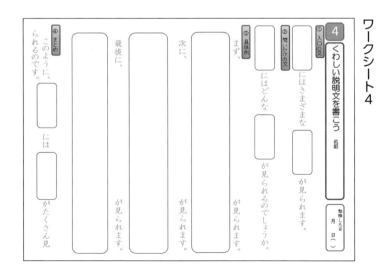

❷ 作文技術・技能が身につく● 「４コマまんが作文」活用の法則

日記のテーマとして２週間は書かせ、この文体に習熟させていく。
子どもの作品を示す。

　夏の野原にはさまざまなこん虫が見られます。

　どんなこん虫が見られるのでしょうか。

　まず、まっ赤なナツアカネが見られます。

　ナツアカネの特ちょうは、夏らしく赤ということです。35 〜 40 ㎜で時期は６月〜 11 月に見られます。

　次に、おしゃれな水玉もようがある黒と赤のナナホシテントウが見られます。

　時期は３月〜 11 月に見られます。大きさは５〜９㎜で、よう虫もアブラムシを食べます。黄色いくさいしるをてきがきたとき出します。

　最後に、黄色と黒の色あざやかなところが特ちょうのアゲハチョウが見られます。

　アゲハチョウの特ちょうはストローみたいな口です。時期は３月〜 10 月で花畑に見られます。アゲハチョウは 65 〜 110 ㎜です。

　このように夏の野原にはきれいな色をしたこん虫が見られるのです。

（作・保坂雅幸）

説明文用の４コマまんがを２つ掲載する。

81

（作・保坂雅幸）

2 作文技術・技能が身につく●「4コマまんが作文」活用の法則

ワークシート1

1 くわしい説明文を書こう　名前

① 入口文
　春の野原にはさまざまな植物が見られます。

② 問いかけ文
　春の野原にはどんな植物が見られるのでしょうか。

③ 具体例
　まず、ふえにして遊べるカラスノエンドウが見られます。カラスノエンドウは50センチから90センチの大きさで、日当たりのよい道ばたやぶつ山のふもとに見られます。むらさきいろの花がさきます。はねを切ってはをとりだすと、ふえにして遊べます。

　次に、つなめきがもしで遊べるツクシが見られます。ツクシは10センチから30センチの大きさで、あれ地に見られます。つくしのところをつけたりすると、大きくなるとスギナになります。ふしのところをつけたりできるので、つなめきがもしで遊びができます。

　最後に、ふえにして遊べるスズメノテッポウが見られます。スズメノテッポウは20センチから40センチの大きさで、田畑に見られます。はを引きぬきぬき、おりまげて、ふえをふえにして遊べます。

④ まとめ
　このように、春の野原には遊べる植物がたくさん見られるのです。

83

ワークシート2

2 くわしい説明文を書こう　名前

勉強した日　月　日（　）

① 人口の文
林の中にはさまざまなこん虫が見られます。

② 問いかけの文
林の中にはどんなこん虫が見られるのでしょうか。

③ 具体例
まず、のこがありそうなカブトムシが見られます。

（　　　　　　　　　　　　　　　　　　　　　）

次に、大きなハサミがありそうなクワガタが見られます。

（　　　　　　　　　　　　　　　　　　　　　）

最後に、長いしょっかくがありそうなカミキリが見られます。

（　　　　　　　　　　　　　　　　　　　　　）

④ まとめ
このように、林の中にはかわりこん虫がたくさん見られるのです。

2 作文技術・技能が身につく●「4コマまんが作文」活用の法則

ワークシート3

3 くわしい説明文を書こう　名前　　　勉強した日　月　日（ ）

① 入口の文

近所の公園にはさまざまな鳥が見られます。

② 問いかけの文

近所の公園にはどんな鳥が見られるのでしょうか。

③ 具体例

まず、もようがかわいいキジバトが見られます。

次に、おしりをふるのがかわいいセキレイが見られます。

最後に、頭が黒いのがかわいいオナガが見られます。

④ まとめ

このように、近所の公園にはかわいい鳥がたくさん見られるのです。

85

ワークシート4

4 くわしい説明文を書こう　名前

勉強した日　月　日（　）

① 人口の文

［　　　］には さまざまな ［　　　］が 見られます。

② 問いかけの文

［　　　］には どんな ［　　　］が 見られるのでしょうか。

③ 具体例

まず、　　　　　　　　　　　が見られます。

［　　　　　　　　　　　　　　　　　　　　　　　　　　　　　　　］

次に、　　　　　　　　　　　が見られます。

［　　　　　　　　　　　　　　　　　　　　　　　　　　　　　　　］

最後に、　　　　　　　　　　　が見られます。

［　　　　　　　　　　　　　　　　　　　　　　　　　　　　　　　］

④ まとめ

このように、［　　　］には ［　　　］が たくさん見られるのです。

実践8 ★ジャンル系作文技術
行事作文や卒業文集も４コマまんが作文で書かせるー菅野真智氏の実践ー

1　菅野真智氏の４コマまんが作文実践

　菅野真智氏は私の４コマまんが作文の実践を応用・発展させている実践家である。

　菅野氏の実践の中でも、

> ４コマまんが作文による行事作文・卒業文集

の実践は出色である。

2　４コマまんが作文による行事文集の実践

　菅野氏の実践では次の流れで行事作文である運動会の作文を次のように書かせている。

> ①　テーマを決める。（騎馬戦やリレー等一番心に残ったこととした。）
> ②　テーマを４つの場面に分ける。（騎馬戦の場合、入場、一回戦、二回戦、退場など）
> ③　４コマまんがを書く。→確認
> ④　手本を音読・視写する。
> ⑤　１場面の作文を書く。→確認
> ⑥　２と３の場面の作文を書く。→確認
> ⑦　４の場面の作文を書く。→確認

　自分が体験したことを４コマまんがに表すことで、いわゆる作文指導の「構想」ができあがるわけだ。

　通常は構想メモを使って表す。

しかし、4コマまんがに表す方が視覚的に場面をイメージすることになるし、場面と場面のつながりも意識せざるを得なくなる点がよい。
　その結果として作文が書きやすくなるのである。

3　指導ステップ上の留意点

　4コマまんがによる行事作文の指導ステップについて菅野氏は次のように解説されている。

---

① テーマを決める。
　具体的に決めなくてはならない。例えば、「運動会の作文」を書くとする。「徒競走」というテーマと「徒競走で一位になったこと」というテーマでは断然後者がよい。具体的だからだ。子どもたちには、「○○で〜したこと」とアウトラインを示した。

---

② テーマを4つの場面に分ける。
　先の「徒競走で一位になったこと」というテーマを4つに分ける。ある子は次のように分けた。
　　　1　入場
　　　2　スタート直後
　　　3　最後の直線
　　　4　ゴール後
これでよいか。否である。まだ具体的でない。
次のようにする。
　　　1　入場で緊張したこと
　　　2　スタート直後につまずいたこと
　　　3　最後の直線であきらめずに走ったこと
　　　4　ゴール後に涙を流したこと
である。
　具体的にすることで、その場面がイメージ化できるようになる。

❷　作文技術・技能が身につく●「４コマまんが作文」活用の法則

　①②の段階でできるだけ具体的な場面をイメージさせるように指導をしている。この作業後、③の「４コマまんがを書く」ことになる。
　さらに、④で「手本を音読・視写する」活動に入る。
　作文指導にはこのように例文が必ず必要となる。菅野氏は次のように書いている。

> 　この場面では、①教師範読②追い読み③子どもたちだけで読む等、何度も音読させることでインプットさせた。その後、視写させて、さらにインプット。

　この時、菅野氏が示した「教師の手本」は以下の文章だ。

　　　友達の良さを感じた徒競走

　　　　　　　　　　　　　　　　　　　　　　菅野　真智

「五年生、入場。」
と、アナウンスが聞こえた。僕は、ドキドキしながらゆっくりとかけ足で入場した。会場の人たちがはくしゅでぼくたちをむかえている。一気にきんちょうが高まっていった。
「ピー。」
　先生の笛の音で、ぼくたちはその場に座った。
　いよいよ、五年生の徒競走が始まる。ぼくの列には、Aくんがいる。学年で一番足が速い。ぼくは、今までに勝てたことがないので今回こそは、勝ちたいと思っていた。ぼくは、心の中で、「大丈夫。いつも通り走ろう。」と自分に言い聞かせて、スタートラインに立った。真っ直ぐにコースが伸びている。ゾクゾクしていた。
「用意…ドン。」
　ピストルの音が鳴って、ぼくは走りだした。歯をくいしばって全力で走った。ふと横を見ると、Aくんだ。目が合ったような気がして、負けてたまるかという気持ちになった。ぼくとAくんは一位争いをしながら、最終コーナーに入った。

> 「うあっ！」
> 　ぼくは、つまずいてしまった。転びはせず、何とか持ちこたえたが、Ａくんがずっと先にいってしまった。しかし、あきらめずに、前だけを見て走った。そのまま、ゴールした。結果は、三位だった。
> 　ゴールの後、向こう側にいるＡくんが
> 「大丈夫だった？」
> と声をかけてくれた。Ａくんに対するくやしさもあったが、Ａくんのやさしさに涙が出てきた。「友達っていいなぁ」と思った。

　そして、いよいよ４コマまんが作文に入っていく。菅野氏の解説を示す。

> 　（視写が）できた子から持って来させて、１コマ目を書かせる。１コマずつ書かせ、持って来させてチェックをする。私は、１コマ目、３コマ目、４コマ目と３回の確認をした。確認した点は、原稿用紙の使い方である。内容に触れていない。その方が、子どもたちが生き生きと書けると判断したためだ。

　細かいところを指摘しすぎると、子どもは書く気を失うことがある。そのような事態への配慮が感じられる。
　こうして完成した菅野学級の作文を示す。

> 　私は心臓がばくばくして落ち着かなかった。肩車を一緒にやるＡさんがいなかったからだ。２分くらいたって、やっとＡさんがきたので、少しだけ落ち着いた。そして、とうとう音楽がなった。私たちは、走り出した。縦、横をそろえ、直立をした。次のタイミングの音楽をまっていた。
> 　そして、第一部が終わると、第二部だ。第二部の中で波をやっているとき、私は１６人タワーのことを心配していた。心の中で、「落ちたらどうしよう…。」と思っていたのだ。でも、私は、そんなことを思っちゃダメだと思った。練習で失敗したことはないから、がんばんなきゃ

2 作文技術・技能が身につく●「4コマまんが作文」活用の法則

> だめだと思った。そして、もうすぐ波が終わる。そして、16人タワーへの移動が始まった。
> 　一番下の6人が土台をつくった。次に、2段目の6人が土台をつくった。次に、3段目の人がのぼって、土台をつくった。私は2組のBさんを見た。そしたら、3組のCさんとも目があった。そして、私たちは一番上にのぼった。そして、3人ともうまくのれて、1組、2組、3組、すべての16人タワーが成功した。私はすごくうれしかった。
> 　そして、第二部が終わった。Dさんが「ありがとうございました。」と言って私も言いました。そして、2人ずつポーズを決めて、退場しました。私はEさんと一緒にポーズをやりました。私はお母さんの目の前でポーズを決めました。すごくはずかしかったです。私は最高の組体操をできました。

これを書いた子どもは作文の苦手な子だったようだ。菅野氏の次の文章がある。

> この子は、作文が嫌いで「作文」と聞くと顔を歪める。しかし、これだけ段落が整理された作文を書くことができた。しかも、一番に。「先生、やった！　できちゃった！」とニコニコ笑顔でもってきたのだ。

素晴らしい事実だ。
なお、菅野氏は次のように4コマまんが作文による行事作文を発展させている。

> 行事作文を書かせる場合、2つのパターンがある。
> ①　1つの行事を4場面に分ける。
> ②　1つの行事から、印象的な4つの出来事を並べる。
> 　①は、時系列で辿る作文。
> 　②は、印象順で辿る作文。
> 　今回は、子どもたちにどちらかを選ばせて書かせた。

91

このような発展形もぜひ追試してみたい。
菅野学級の４コマまんが作文の実物の一部を紹介する。

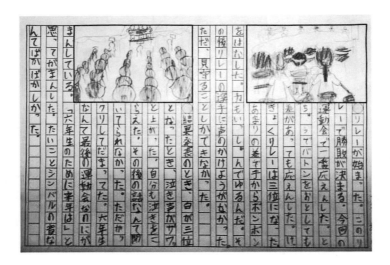

4　卒業文集も４コマまんが作文で

　菅野氏は卒業文集も４コマまんがを使って書かせる。基本的な指導の流れは行事作文と同じだという。
　私の場合、卒業文集の題材は次の３つから子どもたちに選択させている。

１　過去
　（思い出を中心に書いていく。自分の生い立ちについて書いていく。）
２　現在
　（今、自分の考えていることや、現在の状況を記録する。）
３　未来
　（将来、なりたい職業や、いつか目指したい人間像について記述する。）

　このような課題を提示してどれにするか題材を決めさせるのである。
　題材が決まったら②の「テーマを４つの場面に分ける」作業に移る。

2 作文技術・技能が身につく● 「4コマまんが作文」活用の法則

例えば、「過去の思い出」について書くならば、思い出の場面を時系列に沿って4つに分ける。ノートにメモさせればよいだろう。

次に「4場面」を③の「4コマまんがを書く」にしていけばよい。

4コマまんがを書くことで、自分が書こうとしている題材をどのように記述すべきか構想が固まる。普通は構想メモで書かせる実践であるが、4コマまんがを書かせる方が子どもは作文のイメージを組み立てやすいようだ。

何より、卒業文集として書く内容がはっきりするのがいい。

ここまで自分の書く題材について構想できたら、次は4コマまんが作文の展開通りである。

菅野氏の展開で行くと、次に④の「手本を音読・視写する」ステップとなる。「過去編」「現在編」「未来編」と3つあれば完璧だ。

例えば、「過去編」だったら次のような例文を与えるとよい。

6年間の思い出

村野　聡

私の6年間の思い出を3つ紹介します。

1つ目は、日光の移動教室です。一番心に残っているのは、宿舎での生活です。夜は友だちのAさんと2時過ぎまで起きていました。先生が時々部屋に入ってくるとねたふりをしてやりすごしました。スリルがあって楽しかったです。（以下、続ける。）

2つ目は、運動会です。特に心に残っているのが代表リレーでした。私は6年生の代表選手になりました。毎日、朝練と放課後練習に取り組みました。本番では練習の成果が出て、1位をとることができました。バトンパスの練習を続けてきたことが勝因だと思いました。（以下、続ける。）

3つ目は、たてわり班活動です。私の班の下級生はとてもやさしく、私の指示に素直にしたがってくれました。特に1年生がかわいく、自分に弟や妹ができたような気持になることができました。（以下、続ける。）

このように、私の6年間は思い出に残ることがたくさんありました。

これは私の周りの人のおかげで作ることのできた思い出です。感謝したいです。この思い出をいつまでも大切にしていきたいと思います。

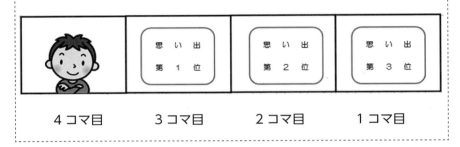

最後に菅野学級の卒業文集の作品の一部を紹介する。

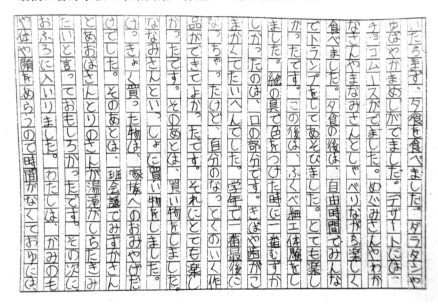

なお、同様の指導で「離任者へのお礼の手紙」や「学年の思い出」なども実践可能だ。

菅野氏はこのようなところにも４コマまんが作文を応用している。

菅野氏の４コマまんが作文の実践はこのように応用力に富んでいる。今後、どのような実践を展開していくのか楽しみである。

94

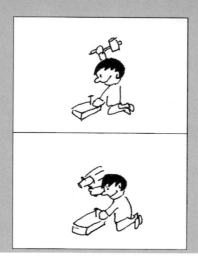

3 論理的思考力を育てる
●「4コマまんが作文」の新しい展開

実践9
アメリカ式4コマまんが作文の実践

1　日本とアメリカの作文構造の違い

　渡辺雅子著『納得の構造　日米初等教育に見る思考表現のスタイル』(東洋館)がある。

　この本の中で大変興味深い作文実験が報告されている。

　日本の小学生とアメリカの小学生に同じ4コマまんがを使って作文を書かせたのである。以下の4コマまんがである。

1コマ目　けんたが深夜までゲームをしている。
2コマ目　朝、寝坊して慌てて家を飛び出す。
3コマ目　バスを乗り間違える。
4コマ目　先発できずにベンチでしょぼくれている。

　これを次のような課題で書かせる。

> 　けんた君は小学生です。テレビゲームと野球をするのが大好きです。けんた君は野球チームのエースピッチャーで、毎週土よう日の朝早く野球のしあいをします。下の絵はけんた君の一日のでき事をえがいています。けんた君にとってその日がどんな日だったか、書いてください。

　結果、日本とアメリカの小学生では、使用される作文構造に大きな違いが認められたのである。

　詳しくは前述の本を読んでいただくことにして、その結果のみを示す。

> 　日　本………時系列による作文構造
> 　アメリカ……因果律による作文構造

　要するに、日本の小学生は1コマ目から4コマ目まで順番に記述した。起

承転結の作文構造であった。

　それに対してアメリカの小学生は４コマ目、あるいは全体の印象（結果）から記述し、その後、結果の原因を１～３コマ目に遡って記述した。因果律の作文構造で書いているのである。

　日本の小学生は93％の子が時系列の作文構造で書いた。圧倒的に多い。

　アメリカの小学生は約３分の１強の34％の子が因果律の作文構造で書いている。ちなみに60％の子が時系列の作文構造で書いている。

2　日本とアメリカの作文指導の違い

　この違いは両国の作文指導の在り方に大きく関わっている。

　次のような違いがある。

【日　本】
　　作文技術はあまり教えない。
　　共通体験（運動会・遠足等）を通じて心の目を養う。
　　共感や感動が大事にされる。
【アメリカ】
　　作文技術を教える。
　　書く目的に応じた様式（型）を選ぶ技術のトレーニング。
　　型を徹底的に身に付ける。

アメリカでは大きく２つの内容を教える。

１　エッセイ
２　クリエイティブライティング

　１のエッセイとは、「結果（主張）→原因（主張の裏付け）→結果（主張）」という因果律の作文構造だ。小論文の形式である。

　その一方で２のクリエイティブライティングも書かせる。つまり、物語を創作させるのである。こちらは時系列による作文構造となり、創造力が求め

られる。
　一方、日本では様々な型を教えるということは少なく、「自由に」「のびのび」書かせようとする。
　その結果、自由に書かせる日本ではみんな似かよった作文構造でしか書けず、型を教えるアメリカでは多様な作文構造で書くことができる。
　そこで、４コマまんがを使って、日本の小学生にも因果律の作文を書かせることにする。

3　まずは例文視写

　使用した４コマまんがの内容は以下の通りである。
１コマ目　けんたが深夜までゲームをしている。
２コマ目　朝、寝坊して慌てて家を飛び出す。
３コマ目　バスを乗り間違える。
４コマ目　先発できずにベンチでしょぼくれている。

> 　今から４コマまんがの「４コマ目」だけを見せます。
> 　登場人物のけんた君は野球チームのエースピッチャーです。毎週土曜日の朝早くに野球の試合があります。その日の朝の場面が４コマ目になっています。

　こう言って「先発できずにベンチでしょぼくれている」４コマ目だけを画像で見せた。

> 　けんた君はどんな様子ですか。

「悔しそう」「悲しそう」「つまんなそう」
こんな意見が出る。

> 　今日は４コマ目から作文を書いていきます。

3 論理的思考力を育てる● 「4コマまんが作文」の新しい展開

　こう言ってから次の例文を示し、一度読ませる。

　けんたはベンチでしょんぼりしています。どうしたのでしょうか。

　これが1段落目です。写しなさい。

　子どもたちは原稿用紙にこれを視写する。書くのが遅い子の時間調整で、書けた子どもたちには第1段落の文を読ませる。

　けんた君はどうしたのでしょうね。何を見れば分かりますか。

　子どもたちは「1〜3コマ目を見れば分かる」と言う。
　そこで、
「見たい人？」
などと、少しじらしながら1コマ目から順番に画面で見せていく。
　1コマ1コマ、簡単に「事実」だけを話しながら見せた。
「夜中の2時です。」
「朝、慌てています。」
「乗るバスを間違えました。」
　子どもたちは大笑いである。

　どうしてしょんぼりしていたのですか。

と、数名に確認する。
　そして、「因果律による例文」をプリントで配布し、一度範読する。

　けんたはベンチでしょんぼりしています。どうしたのでしょうか。
　昨日、けんたは夜おそくまでゲームをしていました。
　朝、目をさますとねぼうしていました。急いで家を出ました。

99

> けんたはあわてていたのでちがうバスに乗ってしまいました。
> 　<u>その結果、</u>ちこくして試合に出ることができなかったのです。<u>だから、</u>しょんぼりしているのです。

次に読ませて、視写させる。視写は作文指導の基本である。

> 　一度読んだら座って視写しなさい。全員起立。

視写スピードは日頃から鍛えておくとこういう場面で差が少なく済む。
ほぼ、全員が写したところで、

> 最後にもう１つ書くことがあります。
> みんなはこんなけんたのことをどう思いますか。
> 意見や感想を書きます。

と話し、次の例文を３つ示す。

> ①　私は試合の前の日は早くねるべきだと思いました。（規範・道徳的評価）
> ②　私はけんた君がかわいそうに思いました。（感情的評価）
> ③　けんた君は次からは気をつけると思います。（私見的評価）

　この３つから１つを選ばせて視写させるのである。この３文は（　）に示した通り「コメント」の種類がそれぞれ異なる。詳しくは後述する。
　これで、因果律による４コマまんが作文が完成だ。
　全文を一度、音読させる。

4　実作させる

次に新しい４コマまんがで実作させる。
右に示したような因果律のはっきりした４コマまん

がを使用する。

　視写した例文を参考にして書かせていく。

　さらに、はやく書いてしまう子のために他の４コマまんがをいくつか準備しておいた。（巻末の４コマまんが集から選択しておくとよい。）

5　３年生の書いた「因果律作文」

　この指導法により３年の子どもたちは「因果律による４コマまんが作文」を書いた。

　次の４コマまんがを使用した。

　作文の型は以下の通りとなる。

---

① 「４コマ目」の様子を問いかけにする。
　　　　　　　～君が～です。どうしたのでしょうか。
② 「１コマ目～３コマ目」を見て①の結果に対する「原因」を記述する。
③ 意見・感想（コメント）を記述する。

---

　③の意見・感想（コメント）にはいくつかの類型がある。そのことにも触れながら子どもの作品を紹介していく。

　てこのげんり君が雪玉の下じきになっています。どうしたのでしょうか。
　てこの君は一人っ子です。それでシーソーの相手を雪だるまにしようとしました。

最初はうまくいっているようにみえていました。
　　ですが、雪だるまは二つになって、てこの君におそいかかりました。だから、大きな雪玉の下じきになってしまったのです。
　　友達をよんだ方がよかったと思いました。　　　　　（3年男子）

　この子の書いたコメントは「私見的評価」である。これは書き手独自の解釈や意味付けが行われた記述である。

　　かずやが雪の下じきになって困っています。どうしたのでしょうか。
　　かずやは一人じゃさびしいから自分で雪だるまを作りました。はりきって楽しそうに雪だるまを作っています。
　　かずやはシーソーが近くにあったので雪だるまをシーソーの上にのっけました。重たそうです。
　　そしてのっていたら雪だるまがくずれてしまいました。そしてかずやはつぶされてしまいました。
　　ぼくはかずやがつぶされてかわいそうだと思います。　　（3年男子）

　この子のコメントは「感情的評価」である。書き手自身の感情を書く場合と、登場人物の感情を推測して「かずやはつらい気持ちでした」などと書く場合がある。

　　ひろしが雪の下じきになって困っています。どうしたのでしょうか。
　　ひろしはさっきどんどん雪で玉を作っていました。二つも作っていました。
　　そして、目がシーソーに向きました。ひろしは雪だるまをまた見て「シーソーに雪だるまをのせたらどうなるのだろう」と思ってシーソーにのせました。
　　そしてその雪だるまに相手をしてもらおうと自分が乗ってみたらちょっとおもしろかったのです。もっと続けようと思いました。
　　それをずっと続けていたらやはり雪玉におしつぶされ下じきになって

3 論理的思考力を育てる●「4コマまんが作文」の新しい展開

しまったのです。
　私は雪だるまを相手にシーソーなんかやるべきではないと思います。
（3年女子）

　この子のコメントは「規範・道徳的評価」である。「〜すべき」「〜すべきでない」などの使用法となる。
　ちなみに、あと1つ「因果的補足」というコメントがある。
　例えば、「いつも一人で遊んでいる子なのだろう」などのようなコメントである。4コマまんがに直接書かれていない情報を因果律から推察し、出来事の背景などを補足する記述である。
　渡辺雅子著『納得の構造』（東洋館）によれば、日本の子どもは「規範・道徳的評価」、アメリカの子どもは「因果的補足」によるコメントを述べる傾向が強いという。

6　因果律による作文を多作させる

　授業で扱った因果律による4コマまんが作文は右のようなまんがを準備して家庭学習でも書かせていく。
　こうして習熟させる。
　書き慣れてきた頃、次の課題も出した。

　自分で4コマまんがを書いて、それを4コマ目から書き出す作文にしなさい。

作品例を示す。

　太ろうと次ろうが、お母さんに注意されています。どうしたのでしょうか。
　太ろうと次ろうは、とても仲良しの兄弟です。
　太ろうと次ろうは、今日も仲良くドッチボールをして遊んでいます。

103

> 　あれ、ボールがなくなってしまったではありませんか。太ろうと次ろうはボールをさがしました。時間がすぎてしまったので急いで帰りました。
> 　その後、おうちに帰る時間がおそくなってしまってお母さんに注意されているのです。
> 　私はボールをなくさないように気をつけた方がいいと思います。

様々な作文の型を教えることで子どもはより自由に作文を書けるようになる。

コラム2　「一つのテーマを多様な型で書ける作文力」

3、4年生と2年間教えたクラスで様々な文種の型を教えてきた。

```
1　説明文　2　報告文　3　見たこと作文　4　スケッチ作文（描写）
5　国語辞典作文　6　お願い作文（説得文）　7　もしも作文
8　4コマまんが作文　9　どっち作文（AとB、どちらが～）
10　ちいちゃん作文
```

そして、その型を使った作文を毎日家庭学習で書かせ、習熟させてきた。
これだけの型を教えると、私は次のように作文テーマを示すだけでよくなる。
「今日のテーマは＜島＞です。」これだけだ。
　子どもはこの＜島＞に関して、上記のいずれかの書き方を選択して作文を書くことになる。
　例えば、「説明文」なら、「島」のつく都道府県というテーマで書いてきた子がいる。
　例えば、「もしも作文」なら、「無人島に着いた」というフィクションを書く。
　例えば、「国語辞典作文」なら、「島」という言葉が国語辞典でどう書かれているか予想を書き、次に実際に引いてみる。その違いを考察する。
　例えば、「お願い作文」なら、「お母さん、私は島が4つ欲しいのです。」などと書き出して、その理由をこじつけてくる。
　次の日は違う型で書かせる。一つのテーマを多様な型で書くことができるようになる。

実践10
子ども熱中!「書き込み式 4コマまんが作文」の実践

1　菅野真智先生の「書き込み式4コマまんが作文」実践

菅野真智氏のダイアリーを紹介する。

　向山型社会セミナーで、村野先生にお会いした。
　その時、4コマまんが作文の実践についてお話をさせていただいた。
「なかなか良い4コマまんががない。」
とのことだった。
　TOSS青梅教育サークルでは、自作の4コマまんが集を作成し、活用をしている。私もお世話になっている。
　子どもたちに宿題として、大人気の教材だ。
　しかし、やはり4コマまんがのストックが足りない。
　そのような話だった。
　そして、その中で出てきた「カタツムリの4コマまんが」。
　たんに、カタツムリが右から左へ4コマ分使って移動するだけ。
　これが、うちのクラスでは変わった使われ方をしている。
　『**余白に書き込む**』
という活用。同じ4コマまんがでも、ストーリーが変わるわけだ。
　余白に書き込むだけだから、絵に苦労はない。
　同じ4コマまんがが、何度も使えるメリットに長けている教材になる。

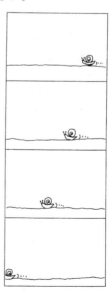

（作・村野　聡）

> 　村野先生にお会いし、お話をさせていただいてから、『書き込み式４コマまんが』のストックをしている。
> 　４コマまんが作文に、また新たな可能性が生まれそうだ。
> 　書けるだけ書いて、試してみる。

　不完全な４コマまんがを提示し、そこに自分で「書き込み」を入れて自分でストーリー展開を作るというものである。
　まったく白紙の状態から４コマまんがを書かせるのは難しい。
　その点、不完全な４コマまんがなら、少し書き足すことで、オリジナルのストーリー展開を作ることができる。
　アメリカの作文教育に「クリエイティブライティング」という創作作文がある。これは物語を自作していく作文指導である。創造性が重視されるという。
　この「書き込み式」も創造性を重視した作文指導の初期指導にもってこいである。
　しかも、子どもが熱中して取り組む。

2　「書き込み式４コマまんが作文」３つの型

　菅野氏は次のように言う。

> 　書き込み式には、型が３つあります。
> ①　書き込む場所が確定されているもの。
> ②　１コマまるまる書き込むもの。（３コマ目か、４コマ目が面白い。）
> ③　書き込む場所が自由なもの。

　それぞれの型の４コマまんがを使った作文指導について紹介していく。それぞれに面白さがある。

3　型①「書き込む場所が確定されているもの」

　４コマまんがのどこに書き込むのか「場所」が確定されている型である。

3 論理的思考力を育てる●「4コマまんが作文」の新しい展開

菅野氏は「書き込み式の初期には①の型がよい」と言っている。確かに最初はこの型が書き込みやすい。また、イラストを書くのが苦手な子にも書く量が少ないので取り組みやすい。

例えば、次の②のように「一部」が書かれていない4コマまんがを使用する。その部分をピンポイントで書かせる。

ただし、ピンポイントで書かせる部分に付随して1～3コマ目にも多少の書き込みを認める場合もある。

いずれにしても、子どもたちが楽しくストーリーを創造していけることが重要である。

①（作・村野　聡）

②（原作・菅野真智　絵・村野　聡）

これに対して子どもは次のような書き込みと作文を書いた。まずは①の4コマまんがから紹介する。

　　４コマまんが
　あるニワトリをかっているしいく員がニワトリのたまごを見つけ、しばらく様子を見ていると、一つのたまごにひびが入りました。
　すると、キリッとした目の男の子が生まれました。名前をピコ太郎と名づけました。
　するとよこのたまごにひびが入りました。
　そしてかわいいまつげの女の子が生まれ、名前はエドはるみと名づけました。
　そしてもう一つのたまごに赤ちゃんセットが入っていました。
　　　　　　　　　　　　　　（4年男子作品）

　　３つ目のたまごの中は…
　今日、フレッグくんのそだてたニワトリがたまごを３つうみました。
　そして、１ぴき目がうまれました。それはふつうのヒヨコでした。
　その次に、２つ目のたまごもうまれました。ふつうのヒヨコでした。
　その時、３つ目のヒヨコがうまれるのかと思っていたフレッグはおどろきました。なぜかというと、うまれたのはフレッグがかっていたニワトリそっくりなヒヨコだったからです。
　　　　　　　　　　　　　　（4年男子作品）

3 論理的思考力を育てる●「4 コマまんが作文」の新しい展開

次に②の4コマまんが作文を紹介する。

　　　皿から流れたごうとうはん

　ある日、ザ・ドルマネー・ジョンソン君がおすしを食べることになりました。そしてドルマネーは最初にたまごを注文しました。なぜか舌を出しています。好物なのでしょうか。

　次に、エビが流れてきました。エビは好きではないのでとりませんでした。ドルマネーは甘エビのほうが好きみたいです。

　次はマグロが流れてきました。これは好きなのでとろうとしました。

　ところがさらにのってごうとうが流れてきました。そして金を要求されました。でもお金持ちのドルマネーはいさぎよくはらいました。

　　　　　　　　　　　　　　　（4 年男子作品）

　　　！？

　たけしは家族ですし屋に来ています。たけしは流れてくるおすしをながめていました。するとたまごのすしが流れてきました。

　次にえびのおすしが流れてきました。えびのおすしはたけしの大好物です。思わずよだれを出してしまいました。

　その次に大トロが流れてきました。大トロはたけしが一番好きなネタです。よだれはさっきよりも多く出ています。

　最後のおすしを見た時、たけしはびっくりしました。ご飯の上に生きたままのカニがのっていまし

109

た。カニはガサゴソガサゴソと動いていました。たけしはその後から、すし屋に行くのをやめました。それと、カニのおすしを食べるのをやめました。
　　　　　　　　　　　　　　　　　　　　　　　（4年男子作品）

4　型②「1コマまるまる書き込むもの」

この型は3コマ目や4コマ目をまるまる空けて書き込ませる型である。例えば、次のような4コマまんがを使用する。（作・村野　聡）
この場合、私は次のような指示を出して書き込ませた。

1　4コマ目だけに書き込む。
2　ピンチをチャンスに変えるストーリーにする。

　子どもはしばしば「悲惨」な結末を書いて楽しむ傾向があるので、「ピンチ」を「チャンス」に変えるストーリーに限定したのである。

110

3 論理的思考力を育てる●「4コマまんが作文」の新しい展開

子どもは次のような書き込みをして4コマまんが作文を書いていく。
まずは①の4コマまんが作文だ。

　　あぶない

　ある日一人のさいとうさんががけの下を歩いていました。
「今日も陽気がポッカポカ、気持ちいいな〜。」
テンションあげあげで歩いていました。
　その時！　大きな大きな岩がさいとうさんの頭上に落っこちてきたのです。
　これに、さいとうさんは、
「キャー！！　やめて、死にたくない！！　いやいや　いやいや〜いや〜！！」
と、かみがさかだって、あせが出て、目がとびだしそうになっていました。
　あ…でも、ようく見ると、映画のさつえいだったようです。さいとうさんは映画はいゆうなのでした。岩も糸でつるされていますし、岩はさいとうさんにあたってもいいように発ぽうスチロールでできています。これにかんとくは、
「カット！　OKです。いいのもらいました。ありがとうございます。」
と、大よろこびです。

（4年男子作品）

　　命がけのサプライズ

　ある日、ザ・マグネシウム・ジョンソン君がある山の落石注意のかんばんを無視して山のてっぺんに行きました。
　しばらく山の景色を見ているとコロコロと小さな音がしてきました。最初は小石だと思っていたけどゴロゴロと音がしたのでこれはもう大岩だと思い、

見ると大岩です。
　もう人生も何もかも今、目の前にある大岩に包みこまれそうないきおいでした。
　でも岩がパッカリわれて「おめでとう」の字がうかびあがりました。もう頭の中がめちゃくちゃで真っ白になりました。考えれば今日はマグネシウム君のたんじょうびでした。

（4年男子作品）

他にもこんな4コマ目を考え出した子たちがいた。

次に②の4コマまんが作文だ。

　　　飛比　照男君、ピンチ！
　ある日照男がタケコプターで空を飛んでいました。
「あ〜気持ちいいなぁ♪」
　照男はどんどん進んで行きました。照男はタケコプターの様子がおかしいことに気づきました。
　その時です。なんと、タケコプターが落ちてしまったのです。
「わ〜っ！」
　次のしゅんかん、なんと、照男のせなかに、羽が生えたのです。
「お〜っ、飛んだ〜っ！」
　ところで照男は、人間なんですよね？

（4年女子作品）

3 論理的思考力を育てる● 「4コマまんが作文」の新しい展開

　　きけんな空の旅
　たけしはタケコプターで空の旅を楽しんでいました。となったのも、ドラえもんが22世紀からぼくのために来たからです。たけしはのんびり飛びました。

　たけしは飛んでいるうちにいいことを考えました。たけしはスピードを上げて日本一周をしました。富士山も見えました。沖縄のシーサーなども見えました。

　北海道の道中にタケコプターからプスンプスン…と変な音が聞こえました。たけしはそれを気にせず飛び続けました。すると、タケコプターがいきなり止まって落ちてしまいました。

　たけしが高度1000mまで来た時に大きなタカがたけしをキャッチしました。「助かった。」と思いました。一方タカは「エサが見つかってよかった。」と思っているらしいです。

（4年男子作品）

こちらも他にこんな4コマ目を考え出した子たちがいた。

5　型③「書き込む場所が自由なもの」

この型では基本的に4コマまんがのどこに書き込みをしてもよい。
これまでの型の中ではこの型が最も「創造性」を必要とする。ほぼ一人で

113

ストーリーを考えなくてはならないからだ。アイディアが思いつかない子のために、できた子の作品を紹介して参考にさせるとよいだろう。
　この型の場合、4コマまんがはできるだけシンプルな内容にする方が子どもの創造性を引き出すようである。
　例えば次のようなシンプルな4コマまんがを準備する。(作・村野　聡)

　これに対して子どもは次のような書き込みと作文を書いた。まずは①の4コマまんがから紹介する。

3　論理的思考力を育てる●「4コマまんが作文」の新しい展開

　　頭のおかしな草原の殺人鬼
　ある草原にちょうちょうたちが住んでいました。ある日、その草原に爆だんをもった男の人がやってきて、なにかをさがし始めました。

　そのしゅんかん、男の人はある生物を見つけました。そのある生物とはちょうちょうです。でもなぜすぐそばにいたちょうちょうに気づかなかったのでしょうか。

　しばらくすると男の人はちょうちょうを追いかけはじめました。いまにも爆だんでちょうちょうを消めつさせそうないきおいです。ちょうちょうは必死でにげます。爆だんを持った男の人が全速力で追ってきたらだれだってにげますからね。

　そしてついに男の人は爆だんを投げて、みごとに命中しました。そのちょうちょうはまるでおどっているかのようにひらひらと落下していきました。その男の人は爆だんまで使ってどうしてそんなにちょうちょうをおそったのでしょうか。そこまでして、ちょうちょうをおそいたかった理由はまだだれにも分かりません。

　　　　　　　　　　　　　　　（4年男子作品）

　　ワナ
　1ぴきのちょうちょうがのんびりと野原を飛んでいました。すると、ちょうちょうが良いものをみつけました。すごくきれいな花です。ちょうちょうはまっしぐらに花の方へ向かいました。
　すると、ちょうちょうはびっくりしました。虫とりあみにつかまってしまったのです。ちょうちょうはあわてました。「どうしようか。」と考えている

115

と、なぜか穴が開いていました。

　急いで出て、まよいなく、花の方へ行きました。すると虫とりあみを持っている人はにやにやわらいました。

　ちょうちょうが花について安心していると、バタンと音が鳴りました。ふと見るとふたがしまっていました。そうです。ここは、虫かごの中だったのです。まんまとワナにはまったのです。ちょうちょうは今でもかわれています。　　（4年男子作品）

次に②の4コマまんが作文を紹介する。

　　下半身どこ？

　ある日ザ・フロント・ジョンソン君が起きると意味不明ですが下半身が無くなっていました。ジョンソン君はあせって下半身を探しました。

　そしておし入れを開けると下半身がかくれていました。そしてジョンソン君は下半身を走って追いかけました。（＊なぜ走れるんだ？）そしたら下半身は気付いて逃げ出しました。

　そしてしばらく下半身と追いかけっこをしました。そしてやっとつかまえられそうになりました。そしてだんだん少しずつ追いつめました。

　そしてジョンソン君は一気に飛びかかりました。でも下半身はひょいとよけて本体がかべにぶつかってしまいました。まだまだたたかいは続きそうです。　　　　　　　　　　（4年男子作品）

　お互いの作品を読み合う機会を作ることで様々なアイディアを共有できるようになる。

116

3 論理的思考力を育てる●「4コマまんが作文」の新しい展開

　以上が「書き込み式4コマまんが作文」の実践である。
　アメリカでの作文教育の柱の1つ「クリエイティブライティング」の目的である「創造性」を育てるのに、極めて有効な作文指導法であると実感している。
　また、書き込む内容を指定することで、教師が教えたい作文技術をピンポイントで教えることもできる。例えば、吹き出しの言葉を指定すれば「会話文」のトレーニングになるし、4コマ目を書き込ませれば「起承転結」の文章構成を学べるのである。
　以下、書き込み式対応の4コマまんがをいくつか紹介する。

コラム3　「4コマまんが不足」

　4コマまんが作文を実践していくと必ず突き当たるのが「4コマまんが不足」である。
　子どもが喜んで書くので、あっという間に4コマまんがが足りなくなるのである。
　そこで最初はサークルのメンバーとその家族で4コマまんがを書きだめした。
　そして「4コマまんが集」を作成した。しかし、これでも足りないのである。
　そんな中、本書の執筆の機会をいただいた。そこで、巻末にたくさんの4コマまんが集を入れることを考えた。
　今回もサークルのメンバーを中心に4コマまんがを書いていただいた。
　素人が必死に書いた4コマまんがである。簡単に見えるかもしれないが、アイディア、多少の絵心、授業で使える内容などを盛り込むのはなかなか難しいのである。
　それでも皆さん、がんばってくださった。
　私も喫茶店にこもったりして漫画家ばりに頭を悩ませながら4コマまんがを執筆した。
　4コマまんが不足解消の方法は他にもある。
　「書き込み式4コマまんが作文」の実践なら同じ4コマ漫画を数回は使用できる。
　また、セリフのない4コマまんがに登場人物のセリフを書き込んで子どもに配布すれば、数回使用できる。
　読者の皆さんも4コマまんが執筆に挑戦してみてほしい。自分の書いた4コマまんがを題材に子どもたちが嬉々として作文を書いていく姿を見たら、鳥肌がたつに違いない。それが教材作りの醍醐味でもある。

①書き込む場所が確定されている4コマまんが

(作・村野　聡)

3 論理的思考力を育てる● 「4コマまんが作文」の新しい展開

（作・保坂雅幸）

（作・保坂雅幸）

3 論理的思考力を育てる● 「4コマまんが作文」の新しい展開

＊セリフを書く場所が確定されているタイプ

（作・保坂雅幸）　　　　　　　　　　（作・村野　聡）

② 1コマまるまる書き込む4コマまんが

(作・村野　聡)

3 論理的思考力を育てる● 「4コマまんが作文」の新しい展開

(作・村野 聡)

③書き込む場所が自由な4コマまんが

(作・村野　聡)

3 論理的思考力を育てる●「4コマまんが作文」の新しい展開

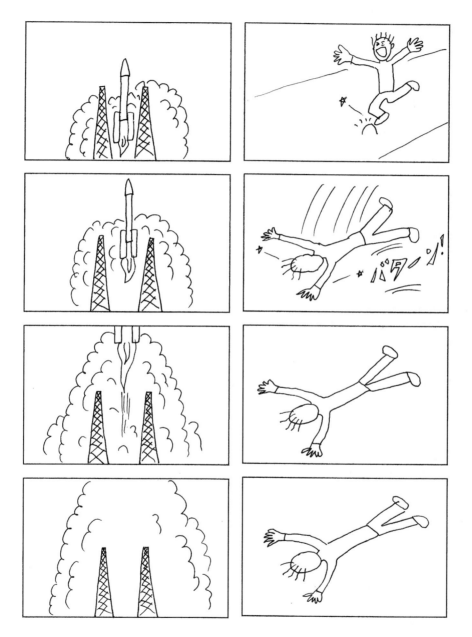

(作・村野 聡)

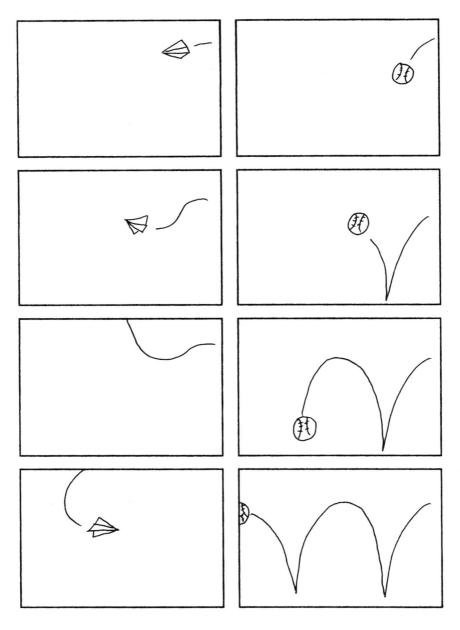

(作・村野　聡)

4 子どもがニッコリして書く
● 授業で使える4コマまんが&ワーク73編

(作・中島詳子)

4 子どもがニッコリして書く●授業で使える4コマまんが&ワーク73編

（作・中島詳子）

（作・中島詳子）

4 子どもがニッコリして書く●授業で使える4コマまんが&ワーク73編

（作・中島詳子）

(作・中島詳子)

4 子どもがニッコリして書く●授業で使える4コマまんが&ワーク73編

(作・中島詳子)

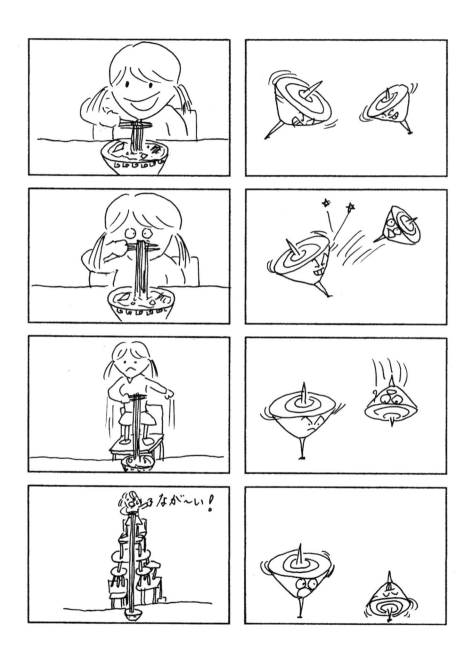

(作・村野　聡)

4 子どもがニッコリして書く●授業で使える4コマまんが&ワーク73編

(作・村野 聡)

(作・村野　聡)

4 子どもがニッコリして書く●授業で使える4コマまんが&ワーク73編

(作・村野 聡)

137

(作・村野　聡)

4 子どもがニッコリして書く●授業で使える4コマまんが&ワーク73編

(作・村野 聡)

(作・村野　聡)

4 子どもがニッコリして書く●授業で使える 4 コマまんが＆ワーク 73 編

（作・君島智歌）

（作・君島智歌）

4 子どもがニッコリして書く●授業で使える4コマまんが&ワーク73編

(作・保坂雅幸)

(作・保坂雅幸)

4 子どもがニッコリして書く●授業で使える4コマまんが&ワーク73編

(作・保坂雅幸)

（作・保坂雅幸）

4 子どもがニッコリして書く●授業で使える4コマまんが&ワーク73編

（作・保坂雅幸）

147

(作・保坂雅幸)

4 子どもがニッコリして書く●授業で使える4コマまんが&ワーク73編

（作・保坂雅幸）

（作・保坂雅幸）

4 子どもがニッコリして書く●授業で使える4コマまんが&ワーク73編

（作・保坂雅幸）

（作・保坂雅幸）

4 子どもがニッコリして書く●授業で使える4コマまんが&ワーク73編

(作・保坂雅幸)

（作・保坂雅幸）

4 子どもがニッコリして書く●授業で使える4コマまんが&ワーク73編

(作・保坂雅幸)

155

(作・保坂雅幸)

4 子どもがニッコリして書く●授業で使える4コマまんが&ワーク73編

(作・保坂雅幸)

（作・保坂雅幸）

4 子どもがニッコリして書く●授業で使える4コマまんが&ワーク73編

(作・保坂雅幸)

(作・保坂雅幸)

4 子どもがニッコリして書く●授業で使える 4 コマまんが＆ワーク 73 編

（作・保坂雅幸）

(作・保坂雅幸)

4 子どもがニッコリして書く●授業で使える4コマまんが&ワーク73編

（作・保坂雅幸）

（作・保坂雅幸）

4 子どもがニッコリして書く●授業で使える4コマまんが&ワーク73編

（作・谷口大樹）

（作・谷口大樹）

4 子どもがニッコリして書く●授業で使える4コマまんが&ワーク73編

（作・谷口大樹）

（作・谷口大樹）

4 子どもがニッコリして書く●授業で使える4コマまんが&ワーク73編

（作・谷口大樹）

169

（作・谷口大樹）

4 子どもがニッコリして書く●授業で使える 4 コマまんが&ワーク 73 編

（作・谷口大樹）

（作・谷口大樹）

4 子どもがニッコリして書く●授業で使える4コマまんが&ワーク73編

（作・谷口大樹）

(作・谷口大樹)

4 子どもがニッコリして書く●授業で使える 4 コマまんが＆ワーク 73 編

4コマまんが作文ワーク　　年　組（　　　　　　　）

4コマまんが作文ワーク　年　組（　　　　　）

4 子どもがニッコリして書く●授業で使える4コマまんが&ワーク73編

題名（　　　　　　　　　　　）　　　　　４コマまんがづくり４

4コマまんが作文ワーク　年　組（　　　　　　）

1コマ目: タケコプターつくったよ！

2コマ目: （無言）

3コマ目: （無言）

4コマ目: 自分がまわっちゃった〜！

4 子どもがニッコリして書く●授業で使える4コマまんが＆ワーク73編

4コマまんが作文ワーク　　年　組（　　　　　　　）

【著者紹介】
村野　聡（むらの　さとし）
1963年　東京生まれ
現在、東京都国立市立国立第六小学校教諭
TOSS青梅教育サークル代表
東京向山型社会研究会所属

【単著書】
『二百字限定作文で作文技術のトレーニング』（1996）
『作文技術をトレーニングする作文ワーク集』（1999）
『クロスワードで社会科授業が楽しくなる！』（2005）
『社会科「資料読み取り」トレーニングシート』（2008）
『社会科「重点指導事項」習得面白パズル』（2009）
『新版　社会科「資料読み取り」トレーニングシート5年編』（2010）
『新版　社会科「資料読み取り」トレーニングシート6年編』（2010）
『ピンポイント作文トレーニングワーク』（2012）
『ピックアップ式作文指導レシピ33』（2014）

【編著書】
『イラスト作文スキル　高学年』（2004）
『新版　社会科「資料読み取り」トレーニングシート3・4年編』（2010）
（すべて明治図書刊）

子どもが一瞬で書き出す！
"4コマまんが"作文マジック

2017年8月1日　初版発行

著　者　　村野　聡
発行者　　小島直人
発行所　　株式会社 学芸みらい社
　　　　　〒162-0833 東京都新宿区箪笥町31 箪笥町SKビル
　　　　　電話番号 03-5227-1266
　　　　　http://www.gakugeimirai.jp/
　　　　　e-mail：info@gakugeimirai.jp
印刷所・製本所　　藤原印刷株式会社
装丁デザイン　　　小沼孝至

落丁・乱丁本は弊社宛てにお送りください。送料弊社負担でお取り替えいたします。

©Satoshi Murano 2017 Printed in Japan
ISBN978-4-908637-52-0 C3037